AF493514

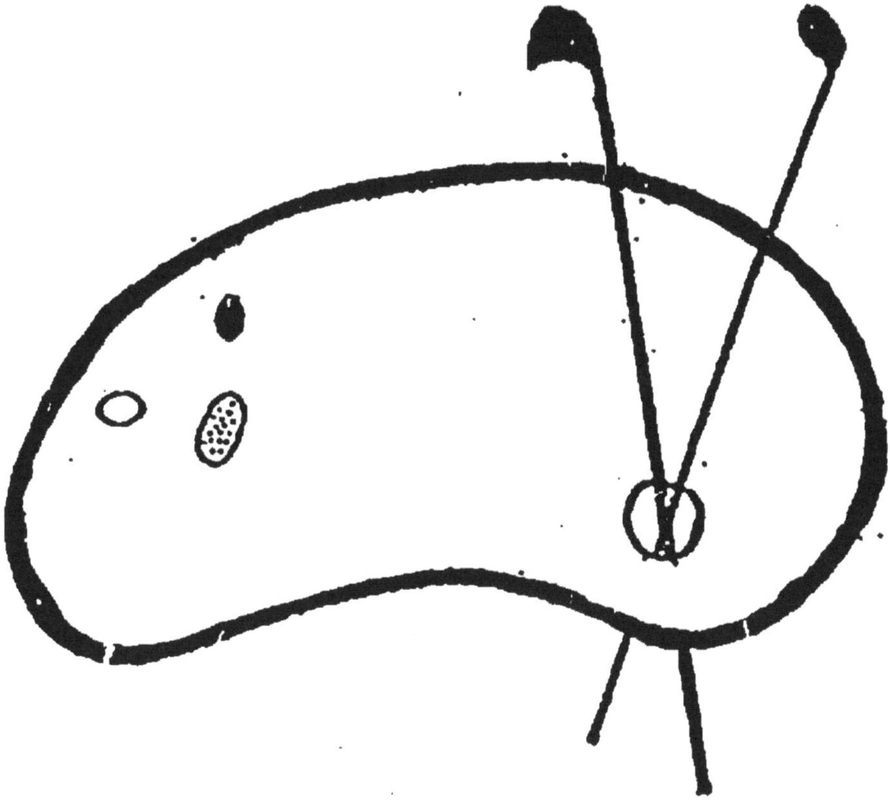

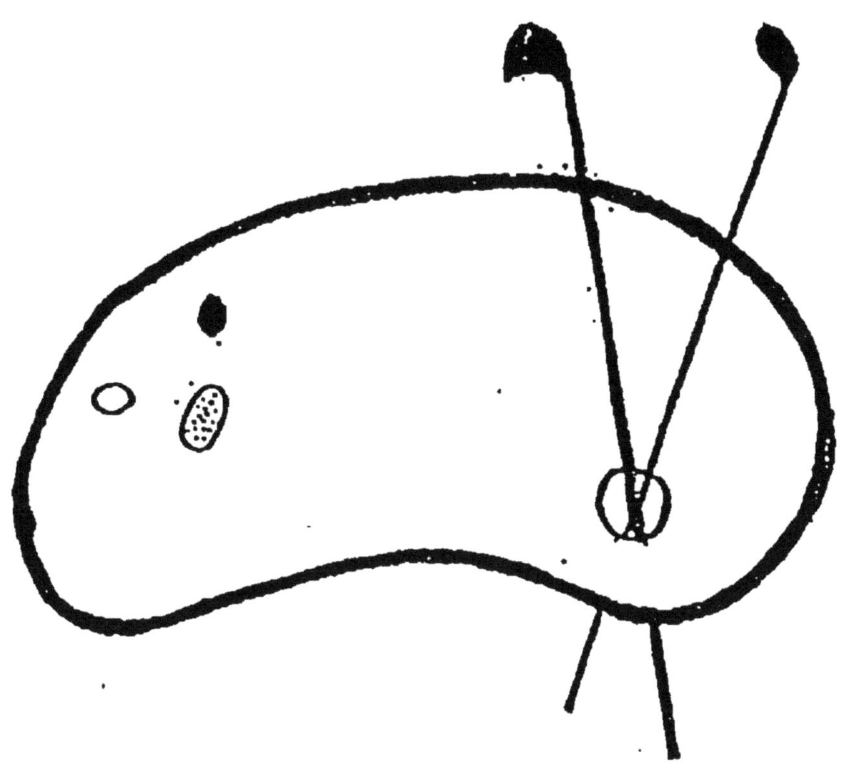

FIN D'UNE SERIE DE DOCUMENTS
EN COULEUR

LA CONDITION

DES FEMMES

LA CONDITION

DES

FEMMES

PAR

J.-F. BOIRON

> L'empire de la femme est un empire de douceur, d'adresse et de complaisance; ses ordres sont des caresses, ses menaces sont des pleurs. Elle doit régner dans la maison comme un ministre dans l'Etat, en se faisant commander ce qu'elle veut faire. En ce sens, il est constant que les meilleurs ménages sont ceux où la femme a le plus d'autorité. Mais quand elle méconnait la voix du chef, qu'elle veut usurper ses droits et commander elle-même, il ne résulte jamais de ce désordre que misère, scandale et déshonneur.
>
> J.-J. ROUSSEAU. — *Emile*, livre V.

MACON
IMPRIMERIE BELLENAND

1882

INTRODUCTION

La nature généreuse envers les animaux les a pourvus de tout ce qui leur est nécessaire ; elle leur a donné des armes pour se défendre, des vêtements pour se garantir, un instinct sûr pour se guider. Mais, plus marâtre que mère envers l'homme, elle le jette *nudum in nuda* ; elle fait de sa première sensation une douleur, de son premier cri un gémissement ; et pendant longtemps elle prive tous ses mouvements de connaissance et de volonté.

Cependant l'être humain, faible et barbare à l'origine, devient le plus fort et le plus intelligent. Lorsque son âme n'est plus enchaînée dans des organes imparfaits ; lorsque la pensée qu'a déposée dans cette âme l'auteur de toutes choses n'est plus captive dans le cerveau à demi formé, ce noble parvenu de la création conçoit les sentiments de sa propre existence ; sa faiblesse ignorante devient une force éclairée ; son oisiveté originelle se change en une activité laborieuse. Les animaux puissants, plus puissants que lui, en naissant, deviennent ses sujets conquis, lui fournissent des fourrures, de la pourpre, de la soie, des aliments et leur travail.

L'homme, d'abord surprenant par sa faiblesse, devient étonnant par sa force et son audace. Après avoir dompté les animaux, il brave les éléments : l'océan devient sa conquête, il construit de vastes édifices flottants, parcourt en vainqueur cette immense plaine liquide, afin d'aller recueillir des objets pour ses propres besoins et ses jouissances, afin de soulager et de civiliser des frères inconnus. Il agrandit le cercle illimité de ses connaissances et monte jusque dans les sphères élevées comme pour lutter d'intelligence avec l'intelligence suprême, comme pour pénétrer dans les secrets mystérieux de l'architecte éternel.

C'est l'homme fort et intelligent ; c'est la femme douce et prévoyante. C'est l'homme se domptant lui-même et faisant succéder à la violence originelle le calme et la raison ; c'est la femme-mère substituant à sa timidité naturelle le courage vertueux de la maternité. C'est l'homme et la femme composés comme espèce humaine des mêmes organes, tourmentés des mêmes besoins, doués des mêmes facultés, et dotés, comme personne, de différences, d'oppositions de caractères, de mœurs et d'habitudes, unissant ces mêmes rapports, ces différences, ces oppositions merveilleuses qui, bien comprises, deviennent les sources les plus précieuses et les plus fécondes de leur bonheur commun. C'est l'homme avec son audace, sa force, sa puissance et son pouvoir ; c'est la femme avec sa timidité, ses charmes, sa pudeur et ses grâces. C'est la jeune fille, aimable et vertueuse, ajoutant aux beautés naturelles de son visage les charmes délicieux de l'instruction et les splendeurs héroïques de la vertu. C'est l'épouse aimante et fidèle, épanchant dans le cœur de son mari joyeux les douceurs consolantes de l'amitié, et ne rompant jamais le contrat sacré de l'union afin de ne pas briser les doux liens de a nature. C'est la mère laborieuse et dévouée consacrant à es enfants toute sa patience, tout son zèle, toutes ses ffections, sans se laisser rebuter par les difficultés, ni se aisser décourager par les adversités. C'est la femme restant emme, parce que sa condition est de rester femme.

Les critiques les plus fiers comme les plus humbles, les hilosophes les plus ingénieux comme les plus profonds, es professeurs les plus ardents comme les plus réservés, les oralistes les plus impétueux comme les plus tendres ont nseigné cette grande vérité sociale.

Oui, en tous les temps, en tous les lieux, les personnifications es plus éclatantes de la morale fondée sur le bon sens et la aine raison, les chefs les plus illustres de toutes les écoles, les eprésentants les plus remarquables de l'esprit social, les amis es plus chaleureux de la famille ont proclamé dans un grand oncert harmonieux que la condition de la femme est de rester emme.

Cette vérité m'inspirera et me guidera dans tout le cours de et ouvrage.

Romanèche-Thorins, le 8 novembre 1882.

LA CONDITION

DES

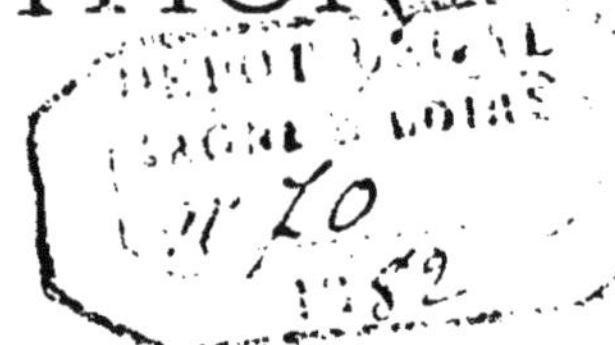

FEMMES

PAR

J.-F. BOIRON

> L'empire de la femme est un empire de douceur, d'adresse et de complaisance; ses ordres sont des caresses, ses menaces sont des pleurs. Elle doit régner dans la maison comme un ministre dans l'Etat, en se faisant commander ce qu'elle veut faire. En ce sens, il est constant que les meilleurs ménages sont ceux où la femme a le plus d'autorité. Mais quand elle méconnait la voix du chef, qu'elle veut usurper ses droits et commander elle-même, il ne résulte jamais de ce désordre que misère, scandale et déshonneur.
>
> J.-J. ROUSSEAU. — *Emile*, livre V.

MACON

IMPRIMERIE BELLENAND

1882

LA CONDITION DES FEMMES

CHAPITRE PREMIER.

Histoire de la femme.

Chez tous les peuples, la femme a paru différer de l'homme aussi bien par les inclinations, les aptitudes, les défauts et les qualités, que par l'organisation physique. Son rôle a rarement été le même et sa condition a varié selon les lieux, les temps et les mœurs.

Dans l'antiquité surtout, la femme était généralement regardée et considérée comme d'une nature inférieure à celle de l'homme, qui la traitait presque toujours comme sa servante et souvent comme son esclave. Lorsque l'homme cherchait à lui plaire, lorsqu'il manifestait le désir de mériter ses faveurs, c'était ordinairement l'obligation d'obtenir les grâces et les faveurs de la femme, qui le poussait à cette inclination, pourtant si naturelle. Car, pendant qu'il se livrait à des travaux pénibles, pendant qu'il entreprenait des expéditions lointaines ou qu'il affrontait les dangers de la guerre, il était obligé de laisser à la femme, au sein de la famille, une autorité morale et quelquefois directrice.

Les Indiens confiaient à la femme des fonctions insignifiantes dans la famille et nulles dans la société; le premier législateur hindou, Manou, rabaisse dans son code la nature de la femme et lui impose une condition humiliante.

A Rome, la femme ne fut d'abord chez les familles plébéiennes qu'une femelle ayant des petits. La captive et l'esclave vivaient à côté de l'épouse; toutes étaient livrées aux caprices du mari et opprimées par la force naturelle de l'homme. Dans la suite, la maternité émancipa la femme et l'affranchit de la dépendance humiliante qu'elle subissait comme fille et comme épouse. Sa qualité de mère lui assura des droits sur les biens et la fortune de son mari. Ainsi il fallait devenir mère pour devenir un peu femme.

Ce n'était pourtant pas les qualités qui manquaient aux femmes romaines. Laborieuses, économes et courageuses, elles s'occupaient de tous les travaux de la maison. Elles filaient constamment la laine et le lin; elles se plaisaient à préparer des vêtements pour elles-mêmes, pour leurs maris et pour leurs enfants. Elles tenaient aussi à l'honneur de confectionner non seulement des robes et des parures, mais des toges et des tuniques. Croyant avec raison que l'aiguille ne convient pas à l'être fort qui peut porter l'épée, manier le marteau ou conduire la charrue, elles fabriquaient toutes des étoffes sur le métier et cousaient tous les vêtements. Ces habitudes admirables durèrent jusqu'au siècle d'Auguste ; le vainqueur d'Actium ne portait alors que des habits faits par sa femme et ses filles.

Mais les grandes vertus domestiques cessèrent lorsque le luxe effréné envahit la société romaine et marcha côte à côte avec la corruption générale. Les ouvrières et les femmes toujours laborieuses de la campagne furent bientôt seules à filer la laine et le lin, à fabriquer des étoffes, à confectionner des robes et des vêtements. Les courtisanes audacieuses, les femmes éhontées du petit monde, étalant une toilette somptueuse, prenaient une place distinguée dans toutes les représentations publiques et affichaient effrontément leurs titres officiels. En devenant cité somptueuse et corrompue, la simple et vertueuse Rome retomba dans un état plus profond d'avilissement ; la laborieuse et courageuse Romaine redevint la servante d'un maître et l'esclave de ce despote qui enchaine la volonté après avoir corrompu le cœur.

Les Egyptiens, au contraire, avaient pour la femme une grande vénération et lui accordaient une entière confiance. La femme, en effet, était au foyer domestique la vraie compagne de l'homme, prenant soin du ménage, exerçant réellement les fonctions de maitresse de maison ; elle occupait même des emplois publics, et remplissait quelquefois les fonctions les plus élevées. Alors elle participait activement à tout ce qui intéressait la société et la sûreté de l'État ; la femme méritait souvent par sa supériorité d'inspiration et de sentiment les honneurs qu'on lui rendait.

Chez les peuples voisins de la Méditerranée, la femme,

comme fille, avait des prérogatives spéciales; elle pouvait choisir un mari à sa volonté. C'est pour lui permettre d'exercer ce droit que le père, voulant marier sa fille, conviait à un grand festin tous ceux qui convoitaient sa main. A la fin du repas, la jeune Gauloise présentait fièrement une coupe pleine de vin à celui qu'elle choisissait pour son fiancé. Ailleurs, presque sous le même ciel, la fille était donnée et même vendue par son père au mari qui l'acceptait ou l'achetait. Ainsi, pendant que les Celtes méprisaient l'influence de la femme, rabaissaient sa nature et la traitaient comme leur esclave naturelle, les Ibères tenaient la femme en si grande estime qu'ils la consultaient dans toutes leurs entreprises, n'entreprenaient aucune expédition lointaine, ne faisaient aucune guerre, ne contractaient aucune alliance sans ses conseils, et ne vidaient aucun différend sans la prendre pour arbitre ou pour juge. La femme était l'égale de l'homme; elle prenait part à toutes les délibérations publiques.

J'ai déjà dit que, dans certaines contrées, la fille était achetée comme une vile esclave, puisque le père la donnait au plus fort enchérisseur. Mais cet état si abject de la femme n'avait encore rien de comparable à l'état de dégradation animale où elle vivait chez les nomades de l'Afrique et les barbares de la Scythie. Ces peuples s'accouplaient en plein air; les enfants ne faisaient que grossir le troupeau humain. Cette affreuse communauté exista jusque dans le berceau de la civilisation des lumières et des arts, et il fallut un Cécrops, qui institua le mariage, pour faire cesser ce honteux trafic.

Alors chez ces mêmes Grecs, sans être entièrement

soustraite à ce qu'avait d'excessif le pouvoir du mari, qui conservait sur l'enfant, au moment de sa naissance, le droit absolu de vie et de mort, la femme acquit de la dignité, fut traitée avec certains égards; dans une certaine mesure, elle put participer à la vie sociale et prêter son concours aux cérémonies religieuses. Le mariage développa progressivement la condition de la femme, et son rôle avilissant s'améliora peu à peu à l'ombre tutélaire de l'auguste union. La constitution de la famille enleva à la partie la plus intéressante de cette famille la servilité honteuse, ainsi que cette indépendance outrageante qui permettait à la mère de vivre loin de ses enfants.

En effet, l'homme et la femme ne constituent chacun que la moitié de l'être humain. Si l'homme en est la partie la plus noble, la plus forte et la plus intelligente, la femme en est la partie la plus gracieuse, la plus sensible et la plus fine. Ce sont deux branches nées sur le même tronc, que la nature a greffées de qualités et de propriétés diverses, dont l'union est indispensable pour faire un arbre utile et fécond. Car non seulement l'union conjugale oblige l'homme à se servir de sa force pour protéger la femme et de son intelligence pour la conduire; non seulement elle conseille à la femme de distribuer gracieusement sa tendresse et sa chaleur pour adoucir cette force et réchauffer cette intelligence, mais elle garde et conserve des intérêts de l'ordre le plus élevé : l'intérêt de la famille, l'intérêt même de la société.

Pour bien comprendre le développement progressif de la condition de la femme, qu'on peut attribuer à l'institution naturelle du mariage, il faut remonter à la société primitive du genre humain. Avant le mariage, il est certain que la famille ne pouvait exister; or, la famille est évidemment le fondement de cette grande société qui forme un peuple et compose une nation. Cette famille, comme la société, est réglée par des lois; elle est présidée par un chef qui commande et dirige; ce chef est naturellement le père. Dès le principe, remplissant les fonctions de juge, de législateur et de prêtre, son autorité devait être absolue; aucun frein n'arrêtait ses penchants, ses caprices; ses volontés étaient la loi, ses croyances particulières toute la religion, et son jugement personnel était toute la jurisprudence. Ce pouvoir absolu pouvait en faire la tyran de la femme; mais il était père; la nature tournait ses inclinations vers la famille; les épanchements de l'amour devaient donc forcément arriver de temps en temps jusqu'à celle qui donnait les enfants.

Peu à peu, des intelligences supérieures déterminèrent les rapports du commandement et de l'obéissance, les droits et les devoirs de tous les membres de la famille. A l'ouest de l'Asie et presque dans toute l'Europe, le foyer domestique était devenu un temple où une divinité quelconque était toujours présente. Le père, tout en gouvernant plusieurs générations d'enfants, n'était que le tuteur de la femme. Au sein de cette vie patriarcale, la femme, fille, épouse ou mère, était respectueusement considérée et affectueusement aimée.

Dans cet état naturel, touchant, aimable, la femme n'avait, il est vrai, qu'une influence morale; mais cette influence devenait souvent la première autorité : la puissance maternelle égalait quelquefois la puissance paternelle.

Comment pouvait-il en être autrement dans ces contrées où le fondement de la famille était exclusivement religieux. Malgré le pouvoir absolu du mari, la vraie femme ne pouvait que remplir un rôle important dans la famille, qui alors était le temple, les dieux, la patrie. Au sein des mutuelles affections de la famille, la mère devenait la personne la plus intéressante, la plus affectueuse et la plus affectionnée. Gardienne naturelle du foyer domestique, la mère veillait sur la maison, sur les ancêtres qui reposaient sous la pierre tumulaire, et livrait à la vénération des enfants le culte de leurs pères. Le chef de la famille, considérant comme son premier devoir et son plus grand intérêt de laisser après lui des enfants, qui viennent offrir à ses mânes des sacrifices agréables, et consoler son ombre errante dans le triste séjour des morts, ne pouvait que rendre un hommage respectueux à celle qui gardait les autels, partageait le soin des sacrifices et inspirait aux enfants la vénération des Lares. La femme, en effet, était admise à tous les emplois du ménage, à tous les honneurs du culte domestique, tandis que les concubines dépendaient de l'épouse elle-même. L'histoire des Hébreux est remplie de faits attestant ces hommages et ces honneurs; elle nous montre à certaines époques et dans certains lieux le mari chef, maitre, pontife, protecteur, et la femme prêtresse et protégée.

Malheureusement chez ces mêmes peuples, civilisés ou barbares, l'instruction était naturellement et intentionnellement négligée chez la femme, qui restait ignorante. Dans le pays des Homère, des Socrate et des Platon, on ne lui apprenait que les fonctions culinaires et on ne lui enseignait que la couture. Tout au plus si on lui permettait l'étude du chant; encore était-ce pour avoir le plaisir de l'entendre chanter. Cette ignorance marchait de pair avec la solitude, et la femme, astreinte continuellement aux soins du ménage, demeurait constamment dans la maison.

Cet état humiliant paraît d'autant plus surprenant que les Grecs étaient passionnés pour la science; et toutes les jouissances intellectuelles étaient d'autant plus défavorables à la condition féminine que les jeunes gens et les hommes, s'adonnant activement à l'étude de l'histoire, de la philosophie, des beaux-arts et des langues, jouissaient seuls des délices de la science.

Et pourtant les habitudes, les mœurs avaient fait de cette ignorance une condition presque honorable. Regardant la femme comme incapable, convaincus de cette incapacité, les Grecs instruits traitaient la femme ignorante comme une enfant, la garantissaient par des lois protectrices et même privilégiées contre toutes les atteintes; la conservation intacte de tout son patrimoine lui était assurée.

Voilà dans ces temps reculés l'état d'abaissement et d'avilissement où la femme était généralement plongée. Peut-être ne serait-elle pas restée durant de si longs siècles dans cette condition humiliante ou outrageante, peut-être se serait-elle élevée plus tôt à un degré d'égalité sociale, surtout chez les peuples civilisés, sans la polygamie.

Cette doctrine pernicieuse, sapant la famille dans sa base, opprimant la femme honnête en la rendant esclave d'un caprice jaloux et criminel, abaissant les sentiments de fidélité, répandant dans la famille la corruption des mœurs publiques, enlevant à la nature féminine la plus précieuse de ses qualités, la pudeur qui l'abrite contre la séduction, devait nécessairement rendre la femme esclave et infidèle, rabaisser et dégrader sa condition naturelle.

Dans tous les pays qui subissent encore cette monstruosité, le rôle de la femme est celui d'une servante enchaînée ou méprisée, abaissée ou dégradée. Avec la polygamie, plus d'union sincère, plus de joie domestique, plus d'honneur, plus de dignité, plus d'intérêt pour la famille, plus de fidélité conjugale, plus de concorde au foyer domestique, plus de tendresse, plus d'amour, plus d'unité morale entre le père, la mère et les enfants, plus de vraie famille, plus de grande et solide société. Les plaisirs immodérés, les caprices humiliants, les jalousies dévorantes, les rivalités honteuses, les amours serviles, rompent le lien le plus sacré et font nécessairement asseoir sur les degrés et dans l'intérieur de la maison conjugale le despotisme le plus infâme et la servilité la la plus déshonorante.

Des moralistes, des philosophes judicieux, aussi recommandables par leur science que par leur vertu, ont néanmoins essayé d'atténuer les désordres que la polygamie engendre dans la famille et dans la société. Ils ont invoqué les influences naturelles de certains climats, l'état des pays où les femelles sont bien plus nombreuses que les mâles, la perpétuité d'une race, l'accroissement de la population, et même la stérilité, pourtant si rare, de la vraie femme. Mais ils n'ont pas essayé de démontrer que cette perversion de la famille n'est pas l'abaissement de la femme et la dégradation de son espèce. Tandis que d'autres savants, également judicieux, également vertueux, ont affirmé avec raison que la polygamie est un signe certain de décadence, montrant que les peuples polygames perdent plus en force qu'ils ne gagnent en nombre.

Autrefois, cette institution désorganisatrice s'étendait presque d'un pôle à l'autre; le soleil ne se couchait pas sur cette dépravation désordonnée. Son foyer était dans une grande partie de l'Asie et dans toute l'Afrique. Aujourd'hui encore, la proscription de cette coutume despotique et barbare n'a pas délivré la plupart de ces contrées, toujours soumises à ce sensualisme démoralisateur.

La nation juive a particulièrement donné l'exemple funeste de la pluralité des femmes. Les patriarches les plus vénérés ont violé ouvertement la loi qui prescrivait de s'attacher à sa femme jusqu'à laisser au besoin son père et sa mère, en peuplant leurs maisons de femmes et de concubines. Les puissants, les riches épousaient solennellement plusieurs femmes, achetaient librement des esclaves qui devenaient publiquement leurs concubines. Moïse, le grand législateur des Hébreux, autorisait la polygamie, et le plus sage de tous les rois d'Israël logeait dans son palais sept cents reines et trois cents concubines. Cette immoralité, monstrueuse pour l'être fort, avilissante pour l'être faible, avait envahi les contrées les plus civilisées comme la Perse et la Médie, où les lois permettaient et prescrivaient même la polygamie.

Cependant, dans toute l'Europe, la polygamie était

peut-être une nombreuse exception, mais elle était loin d'être la règle commune. Si les Celtes et les Germains ont contracté ces unions multiples, ces derniers, dit Tacite, avaient pour motif plutôt l'ostentation de l'opulence que l'avidité des plaisirs. La plupart des autres peuples, surtout dans la classe laborieuse, ont eu le bonheur de ne pas ravaler ainsi la condition de la femme.

Les républiques florissantes d'Athènes et de Rome flétrissaient en principe cette plaie sociale et ne reconnaissaient pas deux femmes légitimes. Les lois romaines notaient d'infamie le polygame. Tant il est vrai que le pays de la liberté est toujours plus vertueux que celui du despotisme.

Aujourd'hui, la polygamie est encore permise en Orient par la religion et les lois du pays. Les mahométans, les bouddhistes, les brahmanes et d'autres peuples asiatiques et africains croient licite la pluralité des femmes; ils sont naturellement trop lascifs pour renier la cause principale de leur infériorité et de leur dégénération. Mais la polygamie est interdite dans toute l'Europe, excepté chez les Musulmans de la Turquie. En France, la polygamie, dit Molière, est un cas, un cas pendable. En effet, autrefois le bigame était pendu, maintenant il est puni des travaux forcés à temps. En Suède, le bigame est puni de mort, et, jusqu'à Guillaume III, les lois anglaises l'ont condamné à la peine capitale ; la prison en est aujourd'hui le châtiment.

Quand on considère d'un côté les conséquences désastreuses de la polygamie dans les destinées des peuples, qui ont inscrit dans leur code et leur religion cet empire du sensualisme et du dépotisme ; quand on voit de l'autre la prospérité des nations qui ont rayé de leurs mœurs et de leurs usages cette dépravation monstrueuse, cette chaîne immorale que tient le plus fort pour assujettir le plus faible, on est frappé de cette vérité fondamentale, que la femme n'est ni une esclave, ni une servante domestique, mais qu'elle est la compagne de l'époux, une aide chargée de fonctions diverses, mais non moins délicates et sublimes, soit dans la famille, soit dans la société. L'union de son corps, de ses volontés, de ses sentiments, de ses joies, de ses douleurs, de ses générosités et de ses sacrifices, avec le corps, les volontés, les sentiments, les joies, les douleurs, les générosités et les sacrifices d'un mari, la rendent pour ainsi dire l'égale de l'homme. La force et la grâce, l'intelligence et le sentiment s'harmonisent dans cette suprême union, qui est un témoignage éclatant que la famille ne peut vouloir qu'une femme pour un homme et qu'un homme pour une femme.

Cette doctrine humaine et sociale a été, pour la première fois, prêchée solennellement par le christianisme, accordant les mêmes droits à l'époux et à l'épouse, leur imposant les mêmes devoirs, en proclamant l'égalité de l'homme et de la femme.

Dès lors, l'acte qui intéresse le plus la femme et qu'elle contractait presque toujours arbitrairement dans l'unique but de donner à l'homme une postérité, le mariage, est devenu une union solennelle et indissoluble, qui a donné à la femme comme à l'homme les mêmes droits sur les enfants, précieux héritage de l'un et de l'autre.

Si des savants mal inspirés, qu'on appelle pères de

l'Eglise, ont porté un faux jugement sur la qualité du mariage, si ces savants ont osé le qualifier de décadence ou de conséquence naturelle d'une première faute, la doctrine chrétienne n'en a pas moins réhabilité l'acte le plus solennel et le plus social de la vie humaine.

En effet, l'impartiale histoire à la main, il faut déclarer que, partout où elle se répandit, la femme cessa d'être l'esclave de l'homme pour devenir sa compagne. Elle ne fut plus bornée à coudre ou à filer dans son ménage, comme une première servante au milieu des servantes ; mais elle devint la maîtresse dans ses attributions, avec l'obligation de ne pas usurper les droits du mari, en s'attribuant la primauté. De la part de l'être fort, le despotisme cessa ; de la part de l'être faible, l'esclavage disparut. Le mari n'étant plus imposé à telle épouse, et la fille n'étant plus vendue au plus fort enchérisseur, l'amour mutuel fut le premier sentiment qui doit toujours précéder le mariage. Car lorsque les personnes se plaisent, lorsqu'elles se conviennent, les yeux et les cœurs sont leur premier guide. On s'aime, on s'unit ensuite. L'amitié mutuelle précédant l'union, le penchant mutuel est un lien doux et fort qui plaît et fortifie.

Voilà donc la femme l'égale de l'homme, conviée à ses honneurs comme à ses travaux, à ses plaisirs comme à ses souffrances.

Mais cette égalité n'avait jamais été proclamée ni garantie par la loi. Il a fallu la grande Révolution française, avec ses immortels principes, pour soustraire la femme à la dépendance d'incapacité juridique, pour abolir les privilèges injustes des héritiers mâles, pour défendre la renonciation des filles à leurs droits héréditaires. La

Constituante, reconnaissant que la femme était déshéritée, abolit les droits d'aînesse et de masculinité, accorda des droits égaux à tous les enfants d'une même famille. La Convention compléta ces réformes égalitaires et le Code civil les sanctionna pour toujours.

Ce n'est pas que ces réformes égalitaires donnent à la femme les mêmes droits et les mêmes pouvoirs qu'à l'homme. Car, sous le rapport judiciaire dont nous parlerons amplement dans le cours de l'ouvrage, la femme diffère légalement encore plus de l'homme qu'elle n'en diffère naturellement sous le rapport physique ou sous le rapport moral. Aujourd'hui, comme en tous les temps, la législation déclare la femme comme célibataire, l'inférieure de l'homme, et la place comme épouse sous la dépendance du mari.

Mais cette infériorité et cette dépendance sont la conséquence naturelle de la faiblesse de la nature féminine, de la force et de l'intelligence de l'homme. Cette double tutelle, n'atteignant nullement l'honneur et la dignité de la femme, n'a rien d'humiliant pour elle, puisqu'elle n'empêche pas sa vigilance de s'exercer librement sur le gouvernement du ménage et de donner des soins précieux à la direction intérieure de la famille. Si la loi retire à la femme des prérogatives qu'elle accorde à l'homme, c'est presque toujours pour la protéger contre les exigences du mari ou l'ingratitude des enfants. L'ordre de la nature veut que la femme obéisse à l'homme, mais cette obéissance n'affaiblit ni l'amitié conjugale ni l'autorité maternelle. La loi juste et bienveillante pour l'être faible veut que la femme soit la compagne respectée de l'homme. L'esprit de cette même loi conseille à l'homme de ne pas manifester une supériorité qu'il possède réellement, mais que l'union conjugale augmente et fortifie ; car l'adresse naturelle de l'épouse est souvent nécessaire pour diriger, en certaines circonstances, le cœur de l'époux, son esprit et ses forces.

CHAPITRE II.

De la nature féminine.

La femme diffère de l'homme sous le rapport physique comme sous le rapport moral, mais elle ne manque pas des qualités naturelles à l'être humain. Si des savants mal inspirés ont cru découvrir des défauts et des vices particulièrement innés à la nature féminine et se sont permis de conclure, après avoir posé les fausses prémices de ces défauts et de ces vices, que la femme est privée des grandes et précieuses facultés qui sont les attributions privilégiées de la raison humaine, ils n'ont pas songé qu'en raillant la femme, ils critiquaient en même temps leur morale comme leur philosophie, puisque leur morale et leur philosophie tiennent en tutelle les qualités et les aptitudes de la femme.

En effet, l'être intelligent est un terrain fécond en vertus comme en vices. Si ce terrain est abandonné ou mal cultivé, il produit abondamment des plantes stériles ou nuisibles, tandis que s'il est remué, fouillé, purifié, ses riches produits deviennent des fleurs agréables, des parfums suaves et des fruits délicieux. Le cœur et l'âme de la femme sont comme ce terrain ; abandonnés à eux-mêmes, ils ne peuvent qu'être animés de la vie de l'ignorance, et l'ignorance ne peut que faire d'une beauté originelle une laideur actuelle.

Pourquoi rendre stériles ou tout au moins inutiles les facultés de la femme ? Pourquoi ne pas les développer, au contraire, par l'éducation, afin de les utiliser pour le bonheur de la famille et l'intérêt de la société? Étouffer les bonnes passions, c'est faire croître les mauvaises; enchaîner les aptitudes, c'est les annihiler; ne pas s'en servir pour remplir les fonctions qui leur conviennent, c'est renverser les rôles de la nature.

Certes, il n'est pas nécessaire d'exercer à l'égard de la femme une contrainte qui inspire les défauts et les vices, porte à la dissimulation ou à la fraude; l'infériorité naturelle dans laquelle elle se trouve placée engendre assez d'infériorités intellectuelles et morales que l'encens flatteur de l'homme ne peut relever ou rehausser, parce que ce même homme laisse trop apercevoir qu'il compte sur ses forces et sa supériorité. Oh ! alors, pourquoi se contenter d'enrichir les mains des femmes avec de l'or, des pierreries et des diamants, au lieu d'orner leur cœur de tous ces bons sentiments et de meubler leur esprit de toutes ces bonnes pensées qu'inspire et que donne l'éducation ? Qu'on place la femme comme l'homme dans une condition qui lui permette de développer ses facultés, d'agrandir les cercles de ses connaissances, d'utiliser ses facultés et ses connaissances selon ses besoins naturels et ses forces physiques, son infériorité qui existe, qui existera certainement toujours, se rapprochera de la supériorité de l'homme.

Qu'on regarde aujourd'hui l'existence de la plupart des femmes, l'on verra qu'elles sont loin d'être dans la condition que devrait leur faire la société. Les unes sont encore assujetties aux pénibles travaux de la campagne que la nature repousse pour l'être faible et condamne pour la maternité. D'autres ne peuvent travailler dans l'industrie et sont quelquefois obligées de vivre de leurs charmes. Car les fonctions de la couture, les occupations les plus minutieuses sont souvent entre les mains de l'être fort, comme si les mêmes mains peuvent et doivent manier la quenouille et le marteau, l'aiguille et l'épée; comme si la force virile ne peut et ne doit pas se manifester par des occupations viriles, laissant aux femmes toutes les occupations vétilleuses.

Sans doute nous ne sommes plus dans ces siècles grossiers où la jeune fille était une marchandise à vendre et la femme une marchandise achetée pour produire des enfants. Les mœurs comme les habitudes des sociétés modernes ont relevé la condition de la femme. La Constituante, proclamant les droits de l'homme, a inscrit ceux de la femme en lettres ineffaçables dans les lois morales et éminemment sociales de l'équitable Révolution; elle a fait cesser légalement la dépendance servile de la femme déshéritée.

Mais la civilisation actuelle stérilise encore trop les aptitudes des femmes, la dépendance trop assujettissante que leur imposent des lois civilisatrices, les limite et les enchaîne dans leur rôle qu'elles rempliraient avec plus de grandeur et de dignité si elles jouissaient d'une liberté plus égalitaire. Malgré la différence et la diversité des dons départis, des qualités et des facultés, les femmes doivent participer librement à tous les actes ordinaires de la vie domestique, afin d'apporter l'appoint de leur intelligence pour éclairer la puissance de l'homme. Sans être inséparables les unes des autres, les facultés de l'homme et de la femme doivent se rapprocher, leur concours mutuel est nécessaire à l'un comme à l'autre. Alors ces facultés se fortifient, se complètent, atteignent leur vraie destination.

On ne doute plus aujourd'hui que la femme soit douée du bon sens et de la raison ; on ne lui fait plus l'injure de discuter si elle a une âme, ou si c'est un être placé entre l'homme et l'animal. Dotée de la pensée et de l'intelligence, la femme comme l'homme ne touche aux animaux que par son organisme, puisqu'elle n'apporte en naissant qu'un seul instinct, celui de saisir le sein de sa mère. C'est un être nécessairement social, ne pouvant exister hors de la société qui prend soin de sa longue enfance comme de celle de l'homme. Lorsque la société et l'éducation ont développé ses aptitudes et ses facultés, la femme accomplit des actes raisonnables qui n'appartiennent qu'à la raison de l'homme, parce qu'ils exigent le bon sens et la réflexion. Comme l'homme, la femme a donc la faculté de sentir, d'aimer, de réfléchir et de se décider. Ses pensées sont vivantes, ses réflexions sont actives, ses décisions sont libres, car elle rapproche, compare, associe des idées, en tire des conséquences qui permettent à sa volonté de diriger ou d'accomplir ces mêmes idées.

Plus tard, les habitudes du travail donnent à la femme comme à l'homme une adresse spontanée, transformant ses actes les plus réfléchis, en leur imprimant un caractère de spontanéité qui répond plus aisément aux exigences de l'existence humaine, qui facilite l'exécution de cette multiplicité d'actes ordinaires et communs. Or, en tirant parti des merveilleuses ressources, des habitudes du travail, la femme doit, comme l'homme, cet avantage et ce profit à sa propre intelligence.

Enfin, quand on songe dans quelle servilité abjecte, dans quelle condition déshonorante était autrefois la femme ; quand on considère le rôle humiliant qu'elle remplissait dans la famille comme dans la société ; lorsqu'on voit aujourd'hui la femme parvenue aux confins de l'égalité civile, on est surpris de cette admirable transformation ; les immenses progrès qu'a faits la femme, la confiance qu'elle a su conquérir chez l'homme sont le témoignage le plus éclatant de son intelligence ; de là nécessité de développer cette intelligence par une large et sérieuse instruction.

CHAPITRE III.

Nécessité de l'instruction pour les femmes.

Dangers de l'ignorance. — Quelle instruction doivent recevoir les femmes.

La société doit donc travailler à perfectionner la femme comme elle travaille à perfectionner l'homme. La femme, instruite par le travail et l'éducation, exerce une heureuse influence sur la famille et la société. Alors son pouvoir n'est pas seulement dans ses charmes, dans ses grâces ou dans la délicatesse de son organisation ; sa bonté, fortifiée par le travail, éclairée par l'instruction, sa charité plus ardente et plus active, sa direction plus dévouée à la famille, ses sentiments plus fidèles à l'affection conjugale, lui donnent un empire plus respectable et surtout plus durable ; son rôle social étend les conquêtes morales comme les progrès intellectuels ; la société, pouvant espérer un plus bel avenir, marche plus rapidement dans la voie de l'humanité et de la civilisation.

Bien que la mission de la femme ait son foyer dans la famille, il est certain que cette mission, grandie par l'instruction, rayonne efficacement dans la société. La femme instruite imprime une direction éclairée à l'éducation de ses enfants, en même temps qu'elle devient l'éducatrice des bonnes mœurs. La femme instruite n'est plus soumise à ce fanatisme qui la rend esclave de croyances trop mystérieuses ; la femme instruite prend une plus grande place dans la société, non seulement comme épouse ou comme mère, mais aussi comme femme, car cette place légitime, flattant son amour-propre naturel, fournit des aliments salutaires à sa jalouse activité. Sans usurper sur le domaine politique réservé à l'homme, sans empiéter sur les droits du père et du mari, la femme instruite remplit encore la mission sublime de la charité et de la bienfaisance, s'adonne aux arts et même à l'industrie.

Du reste, maintenant on veut tout apprendre, tout savoir ; il est donc nécessaire que la femme suive ce mouvement irrésistible qui s'est emparé de tous les esprits. Son droit à l'éducation est naturel, légitime et incontestable ; le devoir de la société est de favoriser généreusement cette éducation pour permettre à la femme de remplir efficacement son rôle dans la vie privée comme dans la vie publique. Et pourtant, bien que la condition actuelle de la femme exige une instruction sérieuse et développée, on entend encore ce cri mortel qu'il suffit de donner une instruction étroite ou voilée à la jeune fille, comme si la connaissance entière des grandes vérités n'était pas l'aliment le plus salutaire pour nourrir sa raison, la lumière la plus pure pour guider sa conscience, et le frein le plus sûr pour modérer sa tendance trop facile à vivre de maximes légères ou futiles.

Mais sur quel principe se fonde-t-on pour oser déclarer et même enseigner qu'il faut limiter l'instruction des jeunes filles? Eh quoi ! on oserait être parcimonieux de cette lumière sublime qui embellit les sentiments, favorise les bonnes passions, enchaine ou tout au moins modère les mauvaises et rend l'âme meilleure; on oserait être avare de cette nourriture intellectuelle qui rend bon et généreux le cœur de la jeune fille, donnant à cette bonté de l'honneur, de la stabilité, inspirant à cette générosité une grandeur vertueuse. Est-ce que la femme n'est pas comme l'homme une créature intelligente ? Alors, n'a-t-elle pas les mêmes droits que l'homme au développement complet de son intelligence et de toutes ses facultés ?

Ecoutons ce que dit Madame de Rémusat dans son traité de l'éducation des femmes : « La femme, dit-elle, » possède sans doute à un moindre degré les mêmes » facultés, mais elle les possède, et c'est assez pour » qu'elle mérite qu'on les exerce ; leur nature étant » commune, leur loi doit être la même ; pourvue des » mêmes moyens pour connaître et remplir les condi- » tions de son existence, l'éducation d'une femme ne » doit pas différer essentiellement de celle de l'homme, » du moins quant aux principes. En sa qualité d'être » doué de raison, d'être moral et libre, parce qu'il est » raisonnable, son éducation, si elle est raisonnable

» aussi, ne peut que vouloir se conformer à sa nature » en assurant sa moralité par l'empire de la raison sur » la liberté. » Un siècle auparavant, Rollin enseignait dans son *Traité des études* que « c'est une erreur » grossière et extrêmement préjudiciable à l'Etat que » de négliger l'éducation des filles. On doit s'y proposer » une double fin, aussi bien que dans celle des garçons, » qui est de former le cœur et de cultiver l'esprit ».

C'est, chez Madame de Rémusat, la doctrine du bon sens; la femme mérite comme l'homme, et peut-être plus que l'homme, un enseignement large, franc et ouvert. Car la jeune fille est naturellement pusillanime, timide, faible, frivole et quelquefois fausse ou superstitieuse. Or, une éducation éclairée peut seule lui donner du cœur, de la hardiesse, de la force et de la gravité, lui inspirer la franchise, imprimer à toutes ses croyances le cachet de la vérité.

Plus tard, cette jeune fille instruite deviendra une compagne aimable et charmante pour l'homme, qui, tout en partageant ses peines et ses plaisirs, admirera la finesse et la délicatesse de ses pensées, la justesse de ses raisonnements; ce même homme la considérera non comme la servante des travaux domestiques ou de ses jouissances, mais comme une égale qui le seconde, anime son courage, diminue ses peines, augmente son bonheur.

C'était chez Rollin la doctrine de la raison et du patriotisme; car un pays qui méconnait les femmes méconnaît la source la plus pure et la plus aimable de la civilisation. La France, notre belle et généreuse France, qui était en arrière des autres peuples, a compris cette voix du bon sens, de la raison et du patriotisme. Le Parlement éclairé, à qui elle a confié ses grandes destinées, vient de la doter, pour l'enseignement primaire, de la loi la plus libérale, la plus civilisée et la plus patriotique. D'un seul bond la République française a dépassé le mouvement des autres États, surpassant l'orgueilleuse Allemagne, comme l'intelligente et laborieuse République américaine. Elle s'est mise à la tête des peuples en popularisant, élevant et perfectionnant l'éducation des jeunes filles ; elle a payé une dette séculaire à la femme en la plaçant comme l'homme dans l'atelier des intelligences, et, en la reconnaissant comme un puissant secours et un brillant appui, elle l'a rendue à sa véritable condition qui est d'apporter à l'homme, à la famille et à la société, la fleur et la finesse de ses sentiments, la grâce et la délicatesse de son esprit désormais éclairé.

Par l'instruction, les femmes françaises parviendront bientôt aux confins les plus rapprochés de leur mission sociale ; elles deviendront les véritables institutrices de de la nation et les véritables inspiratrices des bonnes mœurs.

Ne disons donc plus que la femme n'a besoin que de l'apparence de l'instruction. Si la fille reste ignorante, elle sera une épouse ignorante, une mère ignorante. Qui pourrait croire aujourd'hui qu'il suffit à la jeune fille de se tenir convenablement en société, de se laisser servir modérément à table, de savoir faire poliment des visites et de les recevoir gracieusement ? Est-ce que le charme moral paralyse les grâces naturelles ? Qui pourrait encore penser que la condition des femmes se réduit pour les unes à plaire par les belles manières, par la danse, par le chant ; pour d'autres, à conduire ou garder les troupeaux, et, pour le plus grand nombre, à filer la laine, le coton, ou à remuer la terre ? Je ne veux pas dire que la connaissance de la danse et du chant n'est pas agréable ni intéressante ; je suis loin de prétendre que les travaux domestiques ne méritent pas le respect le plus profond ; mais, si les soins du ménage sont précieux et importants, est-ce que l'ignorance peut donner les qualités nécessaires pour diriger les affaires domestiques ? Comment une mère ignorante peut-elle inspirer à une fille ignorante l'ordre nécessaire à une maison ?

Cependant cette jeune fille est un terrain neuf où la semence jetée dans son âme produira les fruits que la femme, l'épouse, la mère récoltera. Et on sèmerait l'ignorance ! On obligerait cette femme, cette épouse, cette mère, qui a tant de moments de loisir, à succomber à des frivolités coupables ou à se laisser entraîner dans la corruption des mœurs, parce qu'on l'a privée du don inestimable de la science qui, dans ses moments de loisir, permet à la femme de rompre avec l'oisiveté et de jouir des fruits délicieux de l'étude ! « L'ignorance d'une » fille, dit Fénelon, est cause qu'elle s'ennuie et qu'elle » ne sait à quoi s'occuper innocemment... Dans cette » oisiveté, une fille s'abandonne à la paresse, et la » paresse, qui est une langueur de l'âme, est une source » inépuisable d'ennuis. »

Mais si la femme ignorante ne peut pas occuper son esprit, comment distinguera-t-elle ses propres défauts de ses qualités ? Comment, dans l'ignorance de ses devoirs et de ses droits, pourra-t-elle prendre les responsabilités de ses devoirs et réclamer l'usage de ses droits qu'elle ignore ? Et lorsqu'elle sera mère, dépourvue de toute lumière, comment éclairera-t-elle la raison de ses enfants, appréciera-t-elle leurs aptitudes, saura-t-elle prévoir leur destinée ? Comment ces mêmes enfants recevront-ils, sur les genoux de cette mère ignorante, les premières leçons qui développent leur intelligence, se nourriront-ils de ces bons principes qui doivent régler tous les actes de leur vie ? Et pourtant, a dit Rousseau, « la première éducation est celle qui importe » le plus, et cette première éducation appartient incon» testablement aux femmes ; plus à portée, plus près » que les hommes, elles y influent davantage ». Voltaire, dans un dialogue « sur l'éducation des filles », met dans la bouche d'une jeune fille ces paroles éminemment vraies et éminemment filiales : « Ce que j'ai de raison, » je le dois à l'éducation que m'a donnée ma mère. »

O femme, épouse et mère, je t'en prie au nom de la famille, au nom de la société, secoue les chaines de l'ignorance qui te rend esclave de la force ! Sache que ses dangers irréparables sont mortels pour ta nature qui ne peut être distraite, comme celle de l'homme, par de pénibles et de constants travaux ; sache que cette ignorance est la plaie du ménage et de la famille, que c'est une clef fatale fermant toutes les entrées qui conduisent à une carrière quelconque ! Sans le savoir, on ne peut être une vraie épouse, une vraie mère. Les liens de l'instruction, qui sont les plus doux, les plus agréables, sont brisés ; le berceau de la vie physique devient le tombeau de la vie morale.

Maintenant où dois-tu aller cueillir le fruit inestimable et indispensable de la science ? A quelle source puiseras-tu cette liqueur salutaire ? A qui confieras-tu la plus belle partie de toi-même, ton esprit et ton cœur ? Entre les mains de qui déposeras-tu le cadeau précieux que t'a donné la maternité ?

Oh ! excuse ma franchise, et veuille tenir compte de la grande estime que je porte à ta nature, à ta qualité et surtout à ta destinée.

Je veux déclarer ouvertement que ton institutrice comme celle de ta fille doit être la vraie femme, vivant dans la société comme toi, parlant dans la société comme toi, agissant dans la société comme toi. Ta condition de femme laïque, d'épouse et de mère, la seule qui te convienne et qui t'honore, t'en fait un devoir, une obligation, une nécessité.

En effet, la femme est destinée à vivre en société où Dieu l'a placée pour être la fidèle compagne de l'homme ; sa condition naturelle est la maternité. Son éducation doit donc être une préparation à cette destinée et à cette condition. Madame de Campan ne craint pas d'affirmer que toute l'éducation des femmes est de créer des mères.

Or, est-il possible que des personnes vouées au célibat, consacrées au culte de la virginité, et regardant comme une infériorité la condition d'épouse et de mère, puissent enseigner les devoirs sacrés du mariage et les obligations augustes de la maternité ? Est-il possible, en un mot, que l'éducation d'une vierge crée une mère !

Je suis loin de vouloir m'occuper des religieuses enseignantes, dont la situation personnelle est généralement plus à plaindre qu'à blâmer, mais je ne puis accepter comme une instruction suffisante pour les jeunes filles le savoir de pieuses inclinations ou de religieuses révérences. Non, ce n'est pas par système que je vais critiquer l'éducation des couvents, mais je dis avec Fénelon, s'adressant à une dame de distinction : « Il y a » un grand avantage dans l'éducation que vous don- » nerez à mademoiselle votre fille auprès de vous. Je » vous préfère pour son éducation à tous les cou- » vents. »

Fénelon aimait la simplicité et détestait la vanité. Or, dans les couvents, on honore toutes les divinités vaniteuses, et par un renversement incroyable de principes, les jeunes filles y sont plus mondaines que dans le monde. Tout en défendant à leurs élèves d'être galantes, les pieuses maîtresses les rendent coquettes en les occupant à des ajustements orgueilleux, à des parures puériles ; en soignant mieux un nœud de rubans ou de dentelles que les aptitudes et les progrès. Ce qui fait dire à Rousseau : « Les couvents sont de véritables écoles » de coquetterie, non de cette coquetterie honnête dont » j'ai parlé, mais de celle qui produit tous les travers des » femmes et fait les plus extravagantes petites maî- » tresses. »

En effet, tout en élevant les filles dans la coquetterie, on laisse intentionnellement ignorer toutes les choses du monde ; on les abandonne dans la plus complète ignorance de leurs devoirs conjugaux et maternels. Cultivant des sentiments étrangers à la condition de la femme, parlant fréquemment à leurs élèves d'honneur et de richesse, les maîtresses ignorantes ou coupables ensevelissent dans un profond oubli les nobles sentiments de la famille, de la société et de la patrie.

Le silence le plus absolu est fidèlement gardé sur les charmantes qualités de l'épouse, sur les vertus héroïques de la mère, sur la grandeur et les responsabilités de ces deux conditions naturelles à la femme. Non, on ne fixe jamais les pensées des jeunes filles sur ces grandes questions qui touchent aux graves et sublimes intérêts de la société. Rien de sérieux, rien de grand, rien d'élevé pour les devoirs respectables des lois du pays, pour les devoirs sacrés de la famille, rien de pratique pour les travaux sérieux et convenables que doit connaître un jour l'épouse, la mère, la vraie femme ; tout ou presque tout pour les ouvrages de luxe, pour les travaux mondains.

Si encore la semence déplorable de la superstition, fléau de toutes les facultés, n'était pas jetée dans ces âmes innocentes; si le venin contagieux des privilèges, gouffre immoral de toutes les qualités sociales, n'était pas inoculé dans le sang le plus pur et le plus innocent !

Mais le dogme fondamental est que l'ignorance est l'apanage des pauvres, que la science a seulement de l'importance pour les gens riches et les personnes de distinction. Il y a le banc des indigents et le banc des riches. Divisions déplorables qui engendrent mille défauts sans inspirer une seule qualité, qui laissent plongées dans les ténèbres un grand nombre de filles intéressantes, sans éclairer les autres. C'était le sentiment de Fénelon, qui disait en s'adressant à une dame de distinction : « Une jeune fille y croît dans une profonde ignorance du » siècle ; c'est sans doute une heureuse ignorance, si

» elle doit durer toujours ; mais si cette fille sort de ce » couvent et passe à un certain âge dans la maison » paternelle, où le monde aborde, rien n'est plus à » craindre que cette surprise et que ce grand ébranle» ment d'une imagination vive. Une fille qui n'a été » détachée du monde qu'à force de l'ignorer, et en qui » la vertu n'a pas encore jeté de profondes racines, est » bientôt tentée de croire qu'on lui a caché ce qu'il y a » de plus merveilleux. Elle sort du couvent comme une » personne qu'on aurait nourrie dans les ténèbres d'une » profonde caverne et qu'on ferait passer tout d'un coup » au grand jour. »

L'abbé de Saint-Pierre, dans son projet pour multiplier les collèges de filles, est encore plus sévère : « Il » est vrai, dit-il, que plusieurs couvents prennent des » pensionnaires à élever ; mais, comme ce n'est pas le » but principal de ces bonnes religieuses, il ne faut pas » s'étonner si les moyens de procurer une excellente » éducation aux filles sont si peu connus et si mal mis en » œuvre dans ces couvents, et si au sortir de ces maisons » religieuses, elles sont si ignorantes des choses les plus » communes et les plus importantes, si elles ont si peu » d'intelligence, si peu d'usage de raisonner juste, et si » peu de raison dans leur conduite, si peu d'habitude » à la politesse, à la douceur, à l'indulgence, à la » patience, à la discrétion et aux manières vraies, gra» cieuses et prévenantes, en un mot, si peu justes et si » peu bienfaisantes. » Enfin Voltaire dit avec un grand sens pratique par la bouche de Sophronie : « Ma mère » ne m'a point élevée dans un couvent, parce que ce » n'était pas dans un couvent que j'étais destinée à

» vivre. Je plains les filles dont les mères ont confié la
» première jeunesse à des religieuses, comme elles ont
» laissé le soin de leur première enfance à des nourrices
» étrangères. »

Oh! femmes laïques, ouvrez votre intelligence d'épouse et de mère au conseil de la sagesse que vous donne Sophronie, et faites-le passer dans votre esprit comme dans votre cœur. Je m'adresse à vous toutes, mais surtout à celles que la nature a douées des brillantes qualités de l'esprit et du cœur, à celles dont l'âme est éclairée par la lumière de l'instruction la plus éclatante, et dont le cœur est orné de ces vertus solides qui étonnent et surprennent. Vous voulez avec raison que votre fille remplisse un jour la condition de la vraie femme, vous souhaitez qu'elle devienne épouse et mère. Et vous confiez cette fille, dont la nature offre tant d'espérances pour la famille et la société à des institutrices qui ont renoncé solennellement aux titres d'épouse et de mère. Avez-vous cru un seul instant que ces mêmes institutrices pourraient jamais consentir à vous confier quelque novice, dans l'espoir que vous sauriez lui donner un peu de cette science qu'elles prétendent donner à votre propre fille, et que vous pourriez lui inspirer faiblement quelques-uns des sentiments particuliers aux institutrices de votre fille? Comment, femmes instruites et éclairées, vous êtes jugées complètement indignes d'éclairer un peu l'esprit de cette novice, de former un peu son cœur à la vertu, et vous jugez dignes d'instruire complètement votre fille, de la préparer à devenir une épouse charmante et fidèle, une mère austère et dévouée, des institutrices, hélas!

souvent ignorantes, mais toujours plongées dans des pratiques opposées aux habitudes aimables et vertueuses de la vie conjugale, aux fières et sublimes passions de la maternité !

Laissez-moi vous dire après Voltaire : Je plains les filles élevées dans un couvent lorsqu'elles ne sont pas destinées à passer leur vie dans un couvent ; je plains les filles destinées à vivre en société lorsqu'elles n'ont pas été élevées au sein des mœurs, des habitudes et de l'esprit de cette société ; j'appréhende pour leur condition de femme, d'épouse et de mère ; j'appréhende pour la famille, j'appréhende pour la société ; car, en instruction, la passion religieuse est une passion absorbante, et toute passion absorbante est une maladie morale, une plaie sociale.

Enfin, la jeune fille se retire du couvent, Dieu la confie de nouveau à sa première institutrice, à sa mère si heureuse de redevenir la providence d'une fille qu'elle adore. Remplie des meilleures leçons sur le respect et l'amour qu'elle doit avoir pour la religion dans laquelle elle est née, pleine d'exemples de la vie monastique, la future épouse n'a aucune notion sur les fonctions spécialement réservées à toutes les épouses ; la future mère ignore les obligations les plus importantes imposées à toutes les mères ; la future femme du monde méconnait tous les usages du monde. Heureux encore si un enseignement déclassé n'a pas imprimé dans son cœur, alors trop innocent et dans son esprit trop crédule, une méfiance sur la valeur du mariage et de la maternité ! Heureux encore si cet enseignement coquet n'a pas jeté dans cette jeune et vive intelligence une confusion pernicieuse qui lui fait croire que la fine politesse et la galanterie respectueuse sont des défauts, tandis que la coquetterie, soigneusement cultivée dans son éducation, est la principale source des frivolités, des chutes et des scandales.

Voilà donc cette riche nature qu'une culture étrangère a tranformée, la voilà rentrée dans sa sphère naturelle, vivant de la vraie vie, de la vie de famille ; chaque pas est pour elle une nouvelle leçon intelligente, judicieuse et pratique ; chaque pas lui fournit un nouvel aliment qu'on ne lui avait jamais servi. Les pensées de sa mère ne sont pas celles de ses anciennes maitresses ; ses conseils, ne respirant que la sagesse et la prudence, l'invitent à prendre d'autres manières, d'autres habitudes ; ses actions les plus communes comme les plus recherchées, les plus libres comme les plus réservées, sont continuellement opposées aux actions des institutrices de sa fille. Celle-ci ne sent plus rien, ne voit plus rien, n'entend plus rien de ce qu'elle sentait, voyait, entendait dans les cellules du couvent.

Comment se démêlera son esprit, obscurci par d'innombrables préjugés qui la tourmentent encore ? Comment se fixera son cœur, toujours assailli par des affections étrangères ? La maison parternelle deviendra-t-elle son temple, la famille son culte ? Croira-t-elle, avec la foi d'une enfant soumise, sa mère, l'âme constante, la lumière providentielle de la famille ? Prendra-t-elle franchement ses habitudes ? Imitera-t-elle sincèrement ses exemples ? Je le souhaite sans pouvoir y ajouter confiance.

Aussi, crois-je fermement, croyance qui m'est inspirée

par les raisons les plus sociales, que la condition de la femme exige une instruction donnée par la femme; car l'importance de bien élever les filles est grande, immense, une éducation mauvaise ou étrangère étant un malheur public et irréparable.

Oui, la condition des femmes exige que les filles reçoivent une éducation solide, élevant leur âme, fournissant à leur esprit comme à leur cœur une nourriture substantielle; une éducation leur apprenant à penser juste, à croire seulement ce qui est vrai; une éducation cultivant toutes leurs facultés, montrant tous leurs droits pour qu'elles en jouissent, et tous leurs devoirs pour qu'elles les remplissent; une éducation complètement en rapport avec la position qu'elles sont appelées à remplir dans la société.

On proclame universellement sur tous les tons que les garçons ont besoin d'être formés par l'instruction; que pour eux l'instruction est l'œuvre la plus haute, la plus puissante de l'humanité. C'est vrai, mais je proclame aussi que les filles n'ont pas seulement besoin d'être formées, mais d'être formées et façonnées par l'instruction; je proclame que, pour leur existence et pour leur condition, l'instruction est le patrimoine le plus florissant, le plus utile, le plus fécond que puissent leur laisser un père et une mère. La faim et la soif intellectuelles qui tourmentent les hommes agitent les femmes; l'aliment doit donc être le même en principe. Assouvir cette faim, étancher cette soif, ce n'est pas seulement un droit indéniable pour les femmes, mais c'est pour elles un devoir sacré. Ce droit et ce devoir ont leur origine dans la famille, puisque c'est sur les genoux de la mère qu'une fille reçoit les premières et les plus précieuses inspirations.

Je n'ai pas ici l'intention de déterminer le programme de l'instruction des jeunes filles, ni de juger les matières spéciales sur lesquelles on doit s'attacher pour le plus grand avantage comme pour le plus grand bonheur de la femme ; c'est la mission officielle de la pédagogie.

Du reste, les systèmes d'éducation ont varié selon les mœurs, les temps et les préposés à l'instruction ; demain ces mêmes sytèmes varieront encore non seulement selon les besoins et les nécessités de la famille et de la société, mais selon les idées et les sentiments des chefs de l'école de la nation et du mouvement progressif des peuples avancés.

Ce qu'il y a de certain, c'est que la condition de la femme étant par excellence la maternité, la nature prescrit à la mère de se faire la première éducatrice des enfants, de se préparer à être la lumière de ces jeunes intelligences, afin de semer dans leur esprit comme dans leur cœur la connaissance de la vérité, afin de se faire l'inspiratrice des soins et des vertus qui honorent les somptueux comme les modestes ménages. Or, pour que la femme soit cette éducatrice, cette lumière, il ne faut pas s'arrêter à des idées pusillanimes et concevoir de la frayeur pour une éducation trop étendue, sous le faux prétexte que cette éducation, si précieuse pour toutes les conditions, détourne les femmes de leurs occupations et même de leurs obligations ; une jeune fille doit être instruite sur toutes les matières qui peuvent la mettre en état de diriger un jour ses propres affaires, d'apprécier son rôle de maitresse, et de remplir sa condition sociale; sa future qualité d'épouse lui commande de n'être pas trop inférieure à son mari, afin qu'elle puisse lui présenter son cœur affectueux comme un écho charmant des pensées et des aspirations d'un homme instruit. Sa future condition de maitresse de maison exige aussi l'instruction la plus développée ou tout au moins la plus pratique, car si des familles périssent, c'est souvent la petitesse d'esprit et l'ignorance de la femme qui en sont la cause. Enfin son rôle de femme l'oblige à s'inspirer des grands devoirs de la vie publique. Détacher la vie sociale de l'instruction des jeunes filles, c'est jeter dans la société des femmes qui savent tout ce qu'il ne faut pas pour cette société, et qui ignorent tout ce qu'il faudrait connaître.

Bien que j'aie déclaré que je n'avais pas l'intention de déterminer le programme de l'instruction des jeunes filles, je ne puis m'empêcher de parler d'une branche de l'enseignement que je regarde comme la plus féconde et la plus efficace en éducation pour l'avenir de la femme.

L'étude de l'histoire, en effet, est l'étude par excellence pour agrandir et élargir les conceptions généralement trop étroites de la femme, pour asseoir fortement dans son cœur les principes moraux et sociaux. La femme manquant généralement d'expérience, l'étude de l'histoire y supplée, puisqu'elle apprend les mœurs, les habitudes des peuples, la vie tout entière de l'humanité. Montrant les différentes conditions de l'homme et de la femme, embrassant dans son vaste et impartial domaine les lois, les religions, les arts, en un mot tous les actes de l'humanité, l'histoire est pour la femme, comme pour l'homme, la science la plus morale et la plus civilisatrice. « C'est pour tous, dit Cicéron, le » témoin des temps, la lumière de la vérité, la vie de la » mémoire, la maîtresse de la vie, la messagère de » l'antiquité. » Personne plus que la femme n'est enclin aux légèretés, aux frivolités, aux futilités. Or, quoi de plus propre à lui imprimer un cachet de maturité que les grands souvenirs et les grands exemples lui donnant de l'expérience, lui communiquant de la grandeur ? Quoi de plus propre à lui ravir son vieil enfantillage que la connaissance de ce qui s'est passé avant elle, que ce souffle vivant et solennel qui revêt les esprits d'une activité merveilleuse, que l'étude large et étendue de ce fonds inépuisable de morale, de leçons, d'exemples et de préceptes ? L'histoire est la directrice des actions humaines, apprenant à conjecturer l'avenir ; son étude est donc une citadelle intelligente qui empêche à l'ennemi de pénétrer dans le foyer. « Outre que » l'histoire satisfait notre curiosité, dit l'abbé Reyre, en » nous instruisant de ce que nous ignorions, elle nous » met en état de parler de tout ce qui est arrivé avant » nous, et d'écouter avec plaisir ceux qui en parlent en » notre présence. On n'est point alors exposé lorsqu'on » est en compagnie à garder un silence stupide ou à faire » des questions ridicules et impertinentes. »

Personne encore plus que la femme n'est enclin aux superstitions et aux séductions. Or, l'abri le plus sûr et le plus certain est l'étude de ces hommes admirables qui ont toujours combattu fidèlement l'erreur, et conservé intacte leur foi dans la lumière et la vérité ; de ces hommes laborieux qui ont, avec la passion de l'intelligence et de la raison, cultivé les sciences et les arts; de ces hommes philanthropiques qui ont soulagé l'humanité en lui léguant quelques remèdes salutaires, de ces vrais amis de la famille qui l'ont rehaussée en rehaussant la femme.

Enfin, lorsque les jeunes filles auront contracté la saine et précieuse habitude d'étudier les differentes révolutions et les différents événements qui se sont passés chez les différents peuples; lorsqu'elles auront acquis le goût de vivre de la vie de ces grandes intelligences qui ont été et qui sont encore la lumière des autres; quand elles seront femmes, elles n'occuperont pas leurs nombreux moments de loisir à la lecture des récits frivoles, des fictions romanesques, des scènes passionnées ou enivrantes, tout autant de liqueurs dangereuses pour les femmes, parce qu'elles rendent insupportable leur condition, sans parler d'une excitation continuelle au plus grave des désordres, à l'infidélité conjugale.

Mais elles laisseront pénétrer dans le sanctuaire domestique les peintures honnêtes et attrayantes du cœur humain où l'on puise des leçons de force et de sagesse, les histoires aussi intéressantes que sérieuses avec lesquelles sera continué le grand enseignement historique si salutaire à l'âme et au cœur de la femme.

Il ne me reste plus à faire au sujet de l'éducation des femmes qu'une réflexion importante, et qu'à exprimer un souhait chaleureux et sincère.

S'il est permis et peut-être convenable que certaines filles de situation particulière ou de distinction sociale reçoivent une instruction plus développée, plus élevée, il est immoral et antisocial d'établir chez les filles de la même école des différences de fortune et d'avenir. Cette éducation, semant l'orgueil et la défiance, stérilise étouffe, annihile des aptitudes spécialement brillantes. Les filles les plus pauvres comme les plus humbles peuvent prétendre au premier rang dans les arts destinés aux femmes; la condition des femmes, quelle qu'elle soit, exige donc aujourd'hui une instruction franchement ouverte et large.

Mais ce que nous devons souhaiter principalement, c'est que dans tout enseignement, il existe une grande unité politique. Filles d'une même patrie, soumises aux mêmes lois, appelées à des conditions semblables ou différentes, mais dont l'union est indispensable pour le bonheur de chaque famille, comme pour le bien de la société, les femmes doivent comme les filles recevoir les mêmes inspirations, afin que, comme épouses et comme mères, elle puissent remplir les mêmes obligations.

Instruisons donc toutes les filles et donnons à toutes les mêmes moyens de faire leur apprentissage de la vie civile. Que l'instruction soit donnée à côté de la mère où beaucoup croient que les filles sont mieux élevées; que l'instruction soit donnée dans une école publique, où elle est certainement plus générale et plus féconde; instruisons les filles comme les garçons. Une nation où les femmes sont instruites compte autant d'écoles qu'il y a de familles.

CHAPITRE IV.

Naturel ou caractère des femmes.

Voilà maintenant la jeune fille pouvant jouir des délices inappréciables de l'instruction, la voilà non seulement agréable par ses charmes, mais charmante par son esprit; la voilà portant dans elle et avec elle le trésor invulnérable et incorruptible de la science. Comment se servira-t-elle de ce trésor inestimable? Sera-t-elle assez heureuse pour mépriser le bel esprit et cultiver le bon? Aura-t-elle la sagesse de faire une prudente application de ses connaissances précieuses, et de les agrandir afin de s'en servir un jour avec intelligence et économie dans le rôle qu'elle remplira? O mère, c'est là que commence la plus grande et plus délicate responsabilité. Ce n'est plus une enfant qu'il faut allaiter, ni seulement nourrir et vêtir; c'est une vraie femme qu'il faut initier au gouvernement des travaux domestiques, qu'il faut préparer à la condition d'épouse et de mère. Tu es maintenant une institutrice d'autant plus importante que tu es seule pour continuer l'instruction de ta fille. Les meilleures semences sont abondamment jetées, il dépend de toi de les faire germer et fructifier.

Mais avant de tracer des règles ou de conseiller une méthode quelconque pour l'éducation pratique de la femme, je crois que l'étude du naturel ou du caractère de cette plante intéressante doit précéder la greffe sociale.

Je dirai d'abord que la femme n'est pas seulement créée pour l'homme, mais qu'elle est aussi faite pour la société. Son existence propre est la preuve certaine de son individualité. Ses défauts lui sont particuliers, ses qualités lui appartiennent. C'est donc pour la femme un devoir et un droit de revendiquer la propriété des uns comme celle des autres, et j'ajoute que c'est son honneur, puisque la somme des qualités l'emporte sur celle des défauts, et que ceux-ci sont d'autant plus rares que celles-là sont mieux cultivées.

Ainsi la femme est naturellement portée à la bienveillance lorsqu'elle est assistée par ceux qui l'entourent, tandis que si elle est rebutée ou méprisée, cette bienveillance se change en humeur impérieuse, en méfiance capricieuse. Son esprit docile aux invitations amicales, sensible aux prévenances sympathiques, est souverainement rebelle à l'indifférence et surtout aux reproches. Des habitudes plus frivoles que celles de l'homme et des goûts plus inconstants sont inhérents à la nature féminine.

Mais cette frivolité et cette inconstance que des moralistes trop sévères reprochent à la femme, afin de la placer dans un état d'infériorité, ne sont nullement un symptôme d'abaissement. C'est un caractère distinctif de la nature féminine; ce sont des inclinations que Dieu a placées dans l'être le plus charmant de la création. Or, sans nourrir ou favoriser cette mobilité naturelle, le tempérament de la femme demande à ce qu'on ne l'étouffe pas. Mieux vaut pour la concorde et la morale la lui laisser tant qu'elle n'en abuse pas. Il faut à son activité un aliment raisonnable afin qu'elle ne devienne pas vicieuse.

J'ai déjà dit que l'enfance de la femme était généralement longue; conséquemment son attention est difficile à captiver; ses sentiments ont le cachet de l'inconstance; son esprit ne comprend et son cœur ne sent que le plaisir ou la peine de la situation actuelle. Il semble même qu'à certaines époques, la femme manque de la comparaison qui rapproche les idées, de la réflexion qui les classe, du raisonnement qui les place dans la balance de l'examen et du jugement qui décide.

Cependant rien n'est plus contraire à la vérité. La femme sait toujours établir les rapports qui existent entre les objets, s'arrêter quelques instants sur la même pensée, se servir de sa raison pour connaitre et distinguer entre deux idées le rapport de convenance ou de disconvenance. Seulement la femme doit être laissée à elle-même, à ses goûts, à ses tendances. Permettre à la femme des joies presque puériles, des divertissements civils et honnêtes, c'est l'entretenir dans la civilité et l'honnêteté. C'est empêcher cette même mobilité de glisser sur la pente dangereuse de la versatilité des idées, des sentiments et surtout des affections. Plus la femme est distraite soit par un travail convenable à son sexe, soit par un repos divertissant, plus elle conserve ce sentiment exquis, attribut distinctif de son sexe, plus elle pratique ce tact sûr et délicat avec lequel elle saisit si facilement les rapports les plus secrets des choses, plus vive est sa sensibilité, plus sûr est son jugement, plus agréable est sa société.

Alors son esprit, dégagé des mesquines entraves de la contrainte, a plus de vivacité et de justesse; sa volonté, fortifiée par une légitime confiance, s'étend raisonnablement dans un plus vaste horizon, où elle fait rayonner les soins les plus tendres et les plus précieux, où elle acquiert un empire naturel par son amour, d'autant plus puissant qu'il est plus libre.

Que cette liberté n'effraye nullement certains hommes trop timides ou trop pusillanimes ! « En livrant la » femme à des désirs illimités, dit Rousseau, toujours » avec sa haute raison, l'être suprême joint à ces désirs » la pudeur pour les contenir. Pour surcroit, il ajoute » une récompense actuelle au bon usage de ses facultés, » savoir le goût qu'on prend aux choses honnêtes » lorsqu'on en fait la règle de ses actions. »

Pour maintenir la femme dans cet état favorable à son naturel, à ses goûts, à ses tendances, il est donc nécessaire de lui accorder, tout au moins de lui permettre ce qui peut, dans les circonstances ordinaires de la vie, lui procurer un plaisir honnête, une satisfaction sagement intéressante.

Du reste, ces concessions agréables, en même temps que raisonnables, augmentent chez l'épouse les bonnes dispositions de bienveillance et d'aménité, ainsi que la tendresse des sentiments intimes de l'âme affectueuse, sans diminuer l'autorité du mari. Au contraire, lorsque la femme rencontre de la part de l'époux une autorité conciliante en même temps que des manières prévenantes, son cœur est plus résigné, plus fidèle, sa volonté plus patiente, plus soumise; et les souffrances inhérentes à la nature humaine ne peuvent altérer cette résignation, cette fidélité, cette patience et cette soumission. Une situation précaire ou même nécessiteuse, exerçant généralement un si grand empire sur la faiblesse de la nature de la femme, ne peut la décourager et encore moins la vaincre.

Au premier abord, il semble que la femme abusera de l'étendue de ces droits facultatifs, et qu'elle ne pourra par elle-même rester dans la voie droite. En songeant que les femmes sont extrêmes, c'est-à-dire meilleures ou pires que les hommes, on s'effraye des effets que pourront produire tant de causes de distraction. Mais quand on pénètre dans les secrets de la nature humaine, on s'aperçoit que la liberté généreusement limitée est chez la femme comme chez l'homme la source de la franchise, le principe de l'honnêteté, une fontaine pure et limpide, où l'on puise les vertus les plus précieuses, les plus belles et les plus distinctives. C'est le fondement de la volonté intelligente et de la moralité sincère. Il faut donc, dans une large mesure, laisser la femme agir par elle-même. Sa fierté naturelle est satisfaite; bien que son tempérament nerveux ne lui ait pas donné la persévérance, l'obligation de diriger ou d'exécuter personnellement les travaux qui lui sont confiés lui donne une expérience qui mûrit son caractère.

Que l'on considère une fille qui a toujours été tenue à l'écart des travaux domestiques, des soins du ménage, par l'affection exagérée d'une mère craignant pour la santé de sa chère enfant. Que cette fille, sans expérience et sans pratique, perde sa trop tendre et trop affectueuse mère, la nécessité de travailler et de remplir par elle-même un rôle de maitresse lui donne immédiatement de l'habileté dans des fonctions qu'elle n'a pourtant jamais remplies. Bien plus, si la jeune fille a reçu une éducation en rapport avec les positions que les femmes sont appelées à occuper dans la famille ou dans la société, elle ne vivra pas comme une femme ignorante, se laissant gouverner par son imagination et diriger par ses caprices; mais elle vivra comme une femme instruite, se gouvernant elle-même, se servant de son instruction pour commencer à gouverner les autres.

Qu'une femme qui s'est toujours reposée sur les soins de son mari devienne veuve! Aussitôt qu'elle manque de la prévoyance perpétuelle d'un diligent et fidèle époux, aussitôt qu'elle est obligée de suffire à elle-même et à ses enfants, elle s'initie à tous les travaux, à toutes les industries de son sexe. Obligée de raisonner à chacune de ses actions, elle ne fait pas un pas, pas un mouvement sans consulter les intérêts communs de la famille; en travaillant, son intelligence pratique se développe, son esprit s'éclaire, sa raison croît, ses forces augmentent, et la veuve, devenue laborieuse et soigneuse, pourvoit bientôt aux besoins les plus pressants de son existence, ainsi qu'à ceux de ses intéressants et précieux enfants.

La contrainte est donc une plaie funeste à la nature de la femme, puisqu'elle excite ses jalousies ombrageuses et accroît ses exigences déjà trop nombreuses. La liberté, au contraire, laissant la femme dans ses attributions, à toutes ses facultés, modère et contient ses défauts, éclaire et développe ses qualités ; elle favorise particulièrement la promptitude de pensée, dirige le sentiment qui, dans l'organisation trop mobile de la femme, oblige fréquemment la volonté à céder le pas à la sensibilité, et tient lieu de raisonnement. Il est donc nécessaire de nourrir toutes les inclinations et tous les penchants qui se résument dans une spontanéité naturelle à la nature féminine. Ce qui a fait dire à Madame Lambert : « Chez les femmes, les idées s'offrent d'elles-mêmes et » s'arrangent plutôt par sentiment que par réflexion : » la nature raisonne pour elles et leur en épargne tous » les frais. Je ne crois donc pas que le sentiment nuise » à l'entendement ; il fournit de nouveaux esprits qui » illuminent, de manière que les idées se présentent » plus vives, plus nettes, plus démêlées. »

On ne peut douter qu'il ne soit plus moral de tenir compte des tempéraments et des aptitudes naturelles. Or, quoi de plus vrai que des sujets insignifiants procurent à la femme des joies considérables ; quoi de plus vrai que des bagatelles lui causent des afflictions désolantes ; quoi de plus vrai que les femmes toujours satisfaites d'elles-mêmes, se plaisant à contrarier, mais ne pouvant souffrir aucune contrariété, doivent, pour cela même, être respectées dans leur enfantillage ainsi que dans les futilités inhérentes à leur nature et conformes à leurs mœurs ; c'est souvent à l'ombre de cet enfantillage ou de ces futilités, protectrices des défauts, que naissent et que grandissent les qualités les plus merveilleuses. A toutes les époques, en toute occasion et dans chaque position, les femmes n'ont pu supporter les exigences habituelles et les taquineries calculées.

Une histoire, racontée par Paul Lacroix, confirme cette vérité de tous les temps et de tous les pays :

« Le baron Jérôme Pichon, dit-il, avait fait la gageure avec plusieurs hommes mariés de payer l'écot du dîner aux conditions suivantes : La compagnie devait se transporter dans la demeure de tous les maris qui se trouvaient présents, et celui d'entre eux qui aurait une femme obéissante pour que, immédiatement, sans contradiction, sans moquerie et sans observation, elle consentît à compter jusqu'à quatre, serait exempt de payer l'écot ; mais, au contraire, celui ou ceux dont les femmes se montreraient impatientes, répliqueraient, se moqueraient ou refuseraient d'obéir, payeraient leur part de la dépense. Les conditions ainsi fixées, la compagnie s'en vint tout gaiement chez Robin, dont la femme, qui se nommait Marie, faisait fort la glorieuse. Le mari lui dit devant tous : Marie, dites après moi ce que je dirai. — Volontiers, sire. — Marie, dites : en preu et d'un. — En preu et d'un. — Et deux. — Et deux. — Et trois... A cette fois, Marie, impatientée, reprit : Et sept, et douze, et quatorze... Allons donc, vous moquez-vous de moi ? Ainsi, le mari marié perdit la gageure.

« La compagnie se rendit ensuite chez maître Jean, dont la femme, nommée Agnescat, par dédain répondait : et deux. Jean perdait la gageure. Tassin disait à madame Tassine : en preu. Tassine répondait : en haut, ou elle disait : je ne suis pas une enfant pour apprendre à compter. Une autre disait : Or ça, de par Dieu, êtes-vous devenu ménétrier ? Ou bien quelques propos semblables qui faisaient perdre à leur mari la gageure. »

Il ne faudrait pourtant pas conclure de cette liberté plus grande apparemment que réellement, mais nécessaire chez les femmes pour la concorde et le progrès, que je prétende leur inspirer des habitudes d'oisiveté et d'indocilité ; ce sont deux défauts trop dangereux qui ne peuvent être extirpés lorsque les femmes les ont contractés ; mais réclamer la liberté du bon sens et de la raison, ce n'est pas s'insurger contre les lois de la nature, c'est au contraire les appliquer dans toute leur moralité. Aussi, je le répète, il est nécessaire de laisser les femmes user modérément et quelquefois largement des nombreuses distractions qu'elles peuvent toujours se procurer avec tant d'aisance et de facilité.

Que l'on ne croie pas que ces distractions affaiblissent en elles le goût du travail ou paralysent le grand devoir de l'obéissance ! Leur nature, comme femmes et comme jeunes filles, est la même, car à tout âge les femmes aiment ce qui récrée, ce qui frappe leur vue. Petites filles, elles se plaisent en face d'un miroir, en regard d'un bijou, à côté d'une poupée qu'elles habillent ou déshabillent. Grandes filles ou femmes, elles font toujours leurs délices de quelques-uns de ces amusements qu'on pourrait appeler les spécialités distrayantes de la femme. Or, la vue d'un miroir ou d'un bijou, la culture d'une poupée n'enlèvent pas plus aux petites filles le goût de l'instruction que les spécialités distrayantes empêchent aux femmes d'être vigilantes et laborieuses. Moins les femmes sont gênées, plus elles conservent la docilité; moins elles sont privées des distractions inséparables de leur sexe, plus elles se plaisent aux soins du ménage et gardent l'amour du travail.

Il suffit aux femmes d'éviter la passion dans les distractions, de renoncer à certaines fantaisies, de dompter l'ambition si commune et en même temps si contraire à leur sexe.

Sans doute, les femmes ne commandent pas ouvertement comme l'homme, mais leur désir de dominer est insatiable; c'est un feu qui ne s'éteint jamais. Si ce feu est prudemment entretenu, ce désir, sagement contenu, la fantaisie ne succède pas au besoin, et le caprice ne prend pas la place de la raison.

Or, le moyen le plus efficace pour entretenir ce feu perpétuel, afin de contenir ce désir illimité, c'est la liberté laissée aux femmes dans leurs attributions personnelles et dans leurs spécialités distrayantes. Oui, certainement, garder les femmes dans la joie, le contentement et la liberté, c'est les empêcher de chercher à s'élever au-dessus de leur nature, en leur permettant d'apprécier leur faiblesse et leur dépendance; c'est les arrêter dans la pente funeste de la dissimulation et de la coquetterie; c'est les distraire de l'amour de la gloire qui les rend si facilement ambitieuses et les fait sottement rechercher des célébrités imaginaires; c'est les éloigner de la vanité si commune au beau sexe, en leur inspirant la fierté de leurs actes et d'elles-mêmes; c'est leur enlever le besoin des manières étudiées ou dissimulées qui les empêchent d'aimer longtemps le même sujet, en faisant passer leur affection d'un objet à un autre, et reposer leur cœur sur l'inconstance et la légèreté ; c'est, en même temps, leur fournir les moyens les plus fiers d'acquérir les plus belles manières qui font de leur compagnie le charme le plus délicieux ; c'est ajouter à ces manières un peu de gloire et d'honneur ; c'est leur frayer le vrai chemin qui conduit au vrai mérite par la valeur personnelle ; c'est les assurer dans leurs sentiments, comme dans leurs affections, d'une confiance qui leur plait et dont elles profitent pour faire un agrément continuel de leur compagnie, où les manières, les mœurs, les chagrins et les plaisirs de l'homme se polissent, s'épurent, s'adoucissent et se perpétuent ; c'est les conserver dans la vigilance, le travail et la vertu ; c'est, en un mot, en faire de vraies femmes, fières et simples, indépendantes et soumises.

On dit généralement, et on le dit avec raison, que la femme s'adonne à la parure, parce qu'elle se plait à plaire. Eh bien, cette amabilité, qu'elle aime à prodiguer, est d'autant plus aimable que la femme est retenue par la crainte de perdre la réputation de femme honnête ; or, la femme appréhende d'autant plus de perdre cette réputation précieuse qu'elle est plus libre. Grâce encore à cette liberté morale, tant décriée par certains moralistes, la femme surmonte la coquetterie ; elle comprend que la simplicité élégante n'est pas seulement le plus parfait ajustement à ses charmes naturels, mais une puissance plus entraînante que tous les attirails de la toilette la plus somptueuse : lorsque les vertus sont libres, elles sont solides et durables. Le triomphe volontaire des faiblesses ou des passions est une conquête assurée de l'honnêteté, trésor si précieux chez les femmes.

Toutefois ces grandes qualités acquises librement et

dotant les femmes de capacités si pratiques dans les affaires domestiques s'arrêtent en face des affaires publiques. Les femmes dont l'esprit conçoit les plus belles pensées, dont le cœur est orné des sentiments les plus tendres et les plus affectueux, les femmes les plus spirituelles et les plus fines ont toutes un naturel trop sensible, trop mobile pour qu'elles puissent se mêler des discussions sérieuses ou occuper une situation politique.

En effet, se laissant aller facilement aux impressions du moment, favorisant docilement ce qui leur plaît, rejetant vivement ce qui leur déplaît, aimant à attirer sur elles l'attention par des choses éclatantes, cédant complaisamment aux flatteries, pour elles trop séduisantes, se laissant fréquemment dominer, et même guider par les influences puissantes de la superstition, les femmes ne sauraient être impartiales, et leurs décisions, dans les affaires publiques, seraient presque toujours viciées soit par quelque préférence, soit par quelque erreur, soit par la passion. Madame Necker de Saussure le fait comprendre avec une finesse remarquable : « Les femmes, dit-elle, verront toujours vite et » souvent juste, mais on peut désirer que leurs » jugements soient confirmés par la réflexion avant » d'être convertis en actes, en paroles même. Une » partie de leur esprit doit s'accoutumer à attendre » l'autre. »

J'ajouterai à ces paroles flatteuses et indulgentes, mais pleines d'esprit et de vérité, que dans les jugements comme dans les décisions des femmes, la conclusion devance le raisonnement et la sensibilité n'attend pas la volonté.

Une preuve aussi convaincante que toutes les précédentes de l'inconvenance à faire remplir aux femmes des fonctions publiques, c'est que les sociétés barbares qui traitaient les femmes comme des servantes ou des esclaves, conséquemment qui les méconnaissaient ou les méprisaient, leur confiaient, par une étrange anomalie, des fonctions publiques élevées et même sacerdotales, tandis que les sociétés civilisées qui les ont émancipées, qui les ont placées dans leur vrai rôle, les ont privées des hautes fonctions dont elles étaient investies par l'ignorance, la barbarie et le despotisme.

Enfin, je ne saurais mieux terminer ces appréciations qu'en publiant un extrait peut-être un peu élogieux, mais délicat, de Madame Necker de Saussure, et donnant une idée juste de la nature et du caractère du sexe féminin : « La nature des femmes, » dit le fin et remarquable écrivain, « a souvent été analysée. On sait qu'en » elles le principe passif ou sensitif, au moyen duquel » nous recevons involontairement les impressions, » l'emporte sur le principe actif, qui nous sert à diriger » notre attention et nos pensées. Il suit de là que dans » tout ce qui demande des efforts puissants et continus, » les femmes ont évidemment du désavantage ; leur » organisation est trop mobile pour que la sensibilité ne » prenne pas souvent les devants sur la volonté. » Néanmoins, certains privilèges semblent leur avoir » été accordés en compensation, et quoiqu'ils aient » aussi leurs inconvénients, nous les envisagerons » d'abord sous l'aspect le plus favorable. Il nous con- » vient peu de célébrer la figure si vantée des femmes. » Mais n'est-ce pas toujours une œuvre merveilleuse

» que cette enveloppe si habilement construite pour
» tenir l'âme au fait de ce qui peut l'intéresser dans le
» monde extérieur. L'instrument le plus parfait n'est-
» il pas aussi le plus sensible, le plus prompt à accuser
» la moindre variation dans l'objet qu'on veut observer.
» Aussi que d'avertissements l'âme ne reçoit-elle pas
» de cette enveloppe que tout affecte, sur qui tout
» agit !

» Grâce à une organisation si délicate, quoi de plus
» rapide, de plus fin que les aperçus de la femme ? Elle
» l'emporte sur l'homme par cela même qui rend
» l'homme supérieur aux animaux et les a soumis à son
» empire ; plusieurs sont au-dessus de lui par la force
» matérielle ; mais, renfermés dans le cercle de leur
» instinct, ils ne voient rien au-delà de cette étroite
» enceinte. L'homme seul contemple toutes choses dans
» l'univers, mais la femme a plus de pénétration encore.
» Cette sagacité en elle est si grande qu'elle l'exerce
» toujours sur ce qu'il y a de plus subtil, et se plaît à
» saisir les signes légers qui indiquent l'état des âmes.
» Cela seul l'intéresse même véritablement : le monde
» matériel est peu de chose pour elle. Spiritualiste sans
» le savoir, les pensées intimes, les affections secrètes
» l'occupent toujours. Il semble que le domaine de
» l'invisible lui soit accessible. Un admirable instinct
» lui révèle les impressions des autres et les lui fait
» aussitôt partager. Son imagination la transporte
» rapidement dans l'existence la plus étrangère ; elle
» comprend le petit enfant qui ne parle et qui pense à
» peine, et devine le secret que gardent les infortunés.
» On dirait que le ciel lui-même ait eu pitié des maux

» ignorés quand il lui a donné cette pénétration et cette
» athie si tendres !

» Telles on retrouve les femmes dans tous les climats
» quand elles sont fidèles à leur vraie nature. Hors un
» penchant trop général pour la mollesse, la sensualité
» les domine peu. Assez portées à la gourmandise dans
» leur enfance, elles ont bientôt surmonté de vulgaires
» désirs ; être admirées, être aimées est tout à leurs
» yeux, et lors même que la vanité les a gâtées, on
» reconnaît encore leur spiritualisme d'instinct. C'est
» toujours ce qui se passe dans les âmes, qui les intéresse,
» la sensualité de l'amour-propre efface l'autre. Occupées
» à découvrir ce qu'on pense d'elles, ce qu'on ressent
» pour elles, le but de cette recherche est bien égoïste,
» et néanmoins leur vie est dans autrui. »

CHAPITRE V.

Éducation continuée dans la famille.

Maintenant que j'ai fait connaitre la nature et le caractère de la femme, il sera plus facile de comprendre qu'en avançant dans la vie la jeune fille doit, en compagnie de sa mère, apprendre à mieux penser, mieux raisonner et mieux juger. De l'école au mariage l'éducation doit être continuée. C'est pendant cet espace décisif pour l'avenir de toute une famille, que commence le rôle suprême de la maternité, dont l'action vigilante doit se perpétuer jusqu'à ce jour où la fille heureuse unira sa main à celle d'un heureux époux. Il faut donc diriger vers un but utile et pratique les connaissances acquises à l'école ; il faut, tout en s'initiant aux affaires domestiques, tout en s'adonnant au travail utile et élégant des mains, consacrer à l'étude une certaine partie de la journée : acquérir de nouvelles connaissances sous les yeux d'une mère, perfectionner celles qu'on possède déjà, c'est forger contre l'oisiveté des armes invincibles; c'est chasser les rêveries exagérées ou extravagantes; c'est bannir de l'esprit les récits chimériques, les aventures romanesques ; c'est faire surtout provision d'une nourriture intellectuelle qui soutient les moments de repos, qui entretient les conversations instructives et agréables.

L'esprit d'une jeune fille doit donc toujours être cultivé, car bien loin de nuire aux femmes, et d'être un obstacle aux occupations domestiques, toutes les connaissances peuvent leur être utiles. Étant appelées à tout entendre, il faut tout comprendre afin de répondre convenablement à tout. Plus encore une jeune fille sera instruite, moins, femme, elle cherchera à paraître savante, moins elle montrera un bel esprit, deux graves défauts qui conduisent nécessairement au ridicule.

Rousseau n'a pas craint de dire : « J'aimerais cent fois » mieux une fille simple et grossièrement élevée qu'une » fille savante et bel esprit qui viendrait établir dans ma » maison un tribunal de littérature dont elle se ferait la » présidente. Une femme bel esprit est le fléau de son » mari, de ses enfants, de ses amis, de ses valets, de » tout le monde. »

Mais si les filles ne doivent pas être savantes, je répète, avec Rollin, qu'elles doivent orner leur esprit de toutes les connaissances utiles et agréables, afin qu'elles soient préparées à occuper, comme femmes, plusieurs genres de positions, et qu'elles puissent se suffire elles-mêmes.

« L'étude, dit l'auteur illustre du *Traité des études*, » que je conseille aux jeunes demoiselles ne les empêchera » point de s'acquitter exactement de tous leurs devoirs,

» d'apprendre à travailler utilement des mains, d'entrer
» déjà dans tous les soins du ménage, de s'instruire de
» tout ce qui regarde une sage économie, et qui a rapport
» au gouvernement domestique, connaissances absolu-
» ment essentielles à leur état et dont le défaut cause
» ordinairement la ruine des grandes maisons. L'étude
» dont je parle, loin d'être un obstacle à ces devoirs, les
» y conduira naturellement, et leur en rendra la pratique
» plus facile, en leur donnant un esprit plus sérieux,
» plus exact, plus solide, plus capable d'ordre, d'atten-
» tion, de travail, en leur faisant aimer davantage leurs
» maisons, et en leur apprenant à se passer de compa-
» gnies. Elles ne feront jamais parade de ce qu'elles
» auront appris, et ne se feront distinguer des autres
» que par une grande modestie. »

Que l'horizon de la science s'élargisse donc toujours de plus en plus chez les jeunes filles à mesure que leurs forces physiques se fortifient. O mère prévoyante, qui apprends à ta fille à régler son temps pour le travail des mains, donne-lui des instants pour l'étude afin de lui procurer le plaisir de jouir de l'un et de l'autre. Bientôt le dégoût des frivolités s'accentuera, la passion morale et vertueuse d'occuper les instants de loisir par des lectures sérieuses, ou tout au moins agréablement honnêtes, dominera son esprit, heureux de comprendre le vrai et solide bonheur. Tu n'ignores pas que les goûts, les aspirations, les sentiments de ta fille sont et seront toujours dans le monde ; que ses occupations sont et seront toujours au milieu du monde ; que sa vie réelle est, sera dans la société; que chaque jour, elle conversera, écrira peut-être, travaillera, achètera, vendra, prêtera, empruntera, donnera et recevra. C'est donc le moment suprême où elle doit se perfectionner dans la science, la morale et l'économie domestique.

O toi, sa première et dévouée maitresse, toi qui te plais aujourd'hui à orner son visage, n'oublie pas qu'un esprit meublé des bienfaits et des délices de la science, qu'un cœur fortifié par l'étude attentive et réfléchie, sont les charmes les plus intéressants et les plus glorieux d'une jeune fille ; encourage donc la tienne, excite-la à continuer la lecture et l'étude de ces grandes actions qui élèvent l'âme la plus intelligente, en même temps qu'elles enrichissent l'esprit le plus éclatant. S'il ne faut pas faire d'une fille une femme savante, il en faut faire une femme instruite, une femme éclairée, une femme connaissant tout ce qu'il est utile de savoir, sachant apprécier tout ce qui est nécessaire à son mari, à ses enfants, à elle-même, à son ménage. Instruis-la surtout des devoirs des femmes du monde, de tous les états où elle peut être appelée par des circonstances inconnues ; inspire-lui l'amour de la bienfaisance et de la charité ; fais-lui sentir les besoins des malheureux, apprends-lui le plaisir qu'on éprouve à soulager la misère, afin qu'un jour elle pratique la plus grande vertu de la terre et du ciel.

Et toi, jeune fille intelligente et libre, ajoute à tes études, déjà si belles, la science qui enseigne ta destinée et les moyens de l'accomplir, la science de faire le bien et d'éviter le mal, la science par excellence des bonnes mœurs, de la morale vertueuse et civilisatrice. Dans toutes les actions, la conscience élève la voix, approuvant ou condamnant, jouissant d'un charme indicible ou souffrant d'un supplice mortel. Plus grands sont nos sacrifices, plus notre jouissance est douce et complète ; plus nos fautes sont coupables, plus les remords sont cruels et déchirants. C'est la loi du devoir, c'est la morale.

Cette loi, qu'une femme honnête doit connaître, s'adresse à la raison ainsi qu'au sentiment ; à la raison pour la comprendre, au sentiment pour l'appliquer dans ce qu'elle a de plus élevé, de plus avide de bienfaisance, de plus affectueux pour la famille. La morale est un frein qui modère, qui contient nos penchants, nous faisant sentir en même temps les besoins de l'honnêteté, réglant nos mœurs et nos usages, nous poussant à la vertu, source perpétuelle de bonheur, nous montrant que la justice est pour tous et que l'injure n'est pour personne.

Puisses-tu donc cultiver avec intérêt cette directrice de nos actions, cette inspiratrice de nos facultés ! Écoute ce que dit M. Bonnin à sa fille : « Ne te figure » pas la morale une science triste et austère, elle est » l'indication de ce qui est juste, de ce qui est bien, de » ce qui est beau dans la conduite de la vie et dans » l'accomplissement de ses devoirs. L'équité est son » élément ou principe universel, la vertu en est la fin : » Ainsi représente-toi l'équité comme le fondement » d'un édifice et la vertu comme son faite. L'équité est » la règle immuable de nos devoirs, tous s'y rapportent ; » la vertu est la pratique constante de nos devoirs » contre nos penchants, nos passions, nos volontés, nos » désirs, notre intérêt. La morale règle tous nos » devoirs personnels dans la vie....... »

Mais pour avoir une valeur efficace, les grandeurs fécondes de l'instruction doivent résider dans une âme animant un corps solide et vigoureux. L'éducation physique a donc une influence considérable sur les effets et les fruits de l'instruction.

Rousseau qui, en cette matière, est une autorité prépondérante, dit « qu'une fille délicatement nourrie, » toujours flattée ou tancée, toujours assise sous les » yeux de sa mère dans une chambre bien close, n'ose » se lever, ni parler, ni marcher, ni souffler et n'a pas » un moment de liberté, pour jouer, sauter, courir, » crier, se livrer à la pétulance naturelle à son âge, » toujours ou relâchement dangereux, ou sévérité mal » entendue, jamais rien selon la raison. »

Rousseau a mille fois raison; car s'il faut qu'une petite fille reçoive une nourriture substantielle et fortifiante; s'il faut qu'elle saute à la corde, lance un ballon, se livre à tous les jeux de son âge, à tous les exercices de l'enfance, il importe considérablement que les grandes filles qui traversent les époques les plus délicates de leur existence, pratiquent fréquemment des exercices corporels, afin d'être un jour des épouses bien faites et des mères robustes. Les intérêts moraux, les intérêts physiques, comme les intérêts intellectuels exigent donc l'accroissement des forces physiques, accroissement qui demande évidemment des exercices d'agilité.

Un célèbre auteur anglais ne craint pas de déclarer que l'éducation physique doit marcher de pair avec l'éducation intellectuelle; bien que ses conseils salutaires soient adressés aux enfants qui fréquentent l'école, ils peuvent s'appliquer aux grandes filles qui vivent dans la famille : Monsieur Spencer dit avec raison que lorsque les petites filles sont privées de vigoureux et agréables exercices corporels, elles éprouvent, dans toute leur intensité, les effets désastreux du système de culture forcée; c'est pour cela que bien des jeunes personnes pâles, à poitrines faibles et aplaties, peuplent les salons de Londres.

Malheureusement, bien des mères pusillanimes ou superstitieuses refusent de suivre des conseils pourtant d'un si grand intérêt pour leurs filles et pour elles-mêmes, croyant que les exercices actifs sont contraires à la modestie, aux belles manières.

Alors elles méconnaissent la plus fine et la plus délicate de leurs qualités personnelles. Car les femmes ont naturellement le sentiment des convenances; elles possèdent à un suprême degré le respect des manières, qui distinguent leur sexe. Elles ont, en effet, beau jouer, se divertir, rire et folâtrer, si la présence de quelques personnes les oblige à plus de retenue, ou si le moment du travail les appelle à des occupations plus sérieuses, elles savent immédiatement quitter elles-mêmes, les délassements apparemment légers, les allures enfantines, pour revêtir le caractère de la politesse, de l'élégance et du respect.

Sans doute, il ne faut plus aux grandes filles, ces mêmes jeux, ces mêmes délassements dont elles étaient autrefois si jalouses et si avides. Les enfantillages ne conviennent ni à leur âge, ni au rôle de femme, d'épouse et de mère qu'elles se préparent à remplir. Mais l'activité, l'exercice sont nécessaires pour leur donner de la force et de la vigueur, pour les préparer à fournir à la patrie, qui attend tant d'elles pour la santé de ses enfants, des générations fortes et vigoureuses.

Quelques moralistes, docteurs ou praticiens, ont même conseillé et conseillent encore, pour former chez la femme une bonne constitution, des exercices violents comme le gymnase.

Il est vrai que la gymnastique exerce une puissante influence sur l'organisation du corps humain, développe habilement et vigoureusement les forces physiques; il est certain qu'elle donne une grande activité à la circulation du sang, de l'agilité et de la force, prédisposant tous les membres à une adresse merveilleuse; il est incontestable qu'elle ouvre vivement les appétits les plus paresseux, accélère les digestions les plus pénibles.

Mais la constitution féminine n'est pas une constitution virile. Les exercices, qui produisent chez l'homme des effets salutaires, produisent souvent chez la femme des effets désastreux.

Du reste, le but principal de la gymnastique est de façonner des hommes vigoureux, des travailleurs habiles et robustes, des soldats intrépides et infatigables. Or, la condition de la femme n'est pas de prendre un marteau ni de porter l'épée. Faire violence à sa nature, c'est affaiblir par une fatigue exagérée sa complexion naturellement délicate, c'est diminuer sa valeur morale et intellectuelle.

C'est ainsi que le comprenaient les Grecs, que je me plais à citer, parce qu'ils sont en éducation nos guides et nos modèles. Ce peuple, passionné tout à la fois pour les combats comme pour les jeux, pour la guerre comme pour la science, faisait de la gymnastique une obligation dans l'instruction des garçons, la regardant comme la partie la plus importante et la plus nécessaire. Mais il en excluait les filles; seuls, les belliqueux Spartiates obligeaient les femmes aux gymnases.

Sans doute, il est important de donner aux jeunes filles de l'élan, de l'habileté et même de l'adresse; il est important de produire chez elles un robuste développement physique; mais il est non-moins important de ne pas s'insurger contre leur nature, en respectant leur constitution timide et délicate. Les gymnases des femmes sont la promenade au grand air ou la danse.

La promenade approuvée, conseillée même par les moralistes et les médecins distingués, calme le tempérament nerveux de la femme, modérant le siège, l'organe de la sensibilité. Cet exercice aussi honnête que salutaire avait toutes les affections des anciens, qui le préféraient à tout autre. Ainsi le célèbre disciple de Socrate, Platon qui, pendant vingt ans, enseigna la philosophie et la morale à la jeunesse d'Athènes, estimait, pour la santé de ses élèves, plus la promenade que le gymnase; il leur donnait en plein air, en se promenant, les plus grandes et les plus fécondes leçons.

Les Orientaux ont été presque les seuls à ne pas pratiquer les exercices de la promenade; mais s'ils ont paru, s'ils paraissent encore les mépriser, c'est que leur naturel lascif et paresseux les cloue sur un lit, les emprisonne dans un café ou dans un bazar.

Ainsi, sans être aussi stimulant, aussi bruyant que le gymnase, l'exercice de la promenade est généralement plus convenable à la femme qui ne saurait être offensée dans sa modestie. Quand le travail intellectuel est excessif il altère particulièrement la santé de la femme, des exercices physiques trop pénibles pourraient la détruire.

Mais le gymnase par excellence de la femme est la danse, aussi agréable que fortifiante par ses gestes et ses mouvements. C'est une mode de récréation contribuant puissamment à donner de l'agilité et à communiquer de l'activité.

Si des esprits trop zélés prétendent que la danse est en opposition avec les règles de la morale, ces esprits méconnaissent leur époque, méconnaissent toutes les époques. Car la danse est tellement conforme avec les règles les plus sévères de la décence que son origine semble avoir toujours eu un caractère religieux. Les Israélites célébraient par des danses les bienfaits de la divinité, si généreuse en prodiges pour le peuple choisi; les Grecs regardaient la danse comme une institution divine; les législateurs d'Athènes et de Sparte l'inscrivirent dans le code des deux républiques; le sévère Lycurgue alla jusqu'à instituer une danse particulière où des jeunes filles suivaient avec douceur et modestie des jeunes gens qui dansaient avec gravité. L'antiquité est pleine de danses religieuses; tous les peuples les ont cultivées; les Indiens, les Egyptiens, les Grecs solennisaient par des danses les cérémonies religieuses.

C'est vrai, disent les mêmes doctrinaires; mais ils s'empressent d'ajouter : les mises élégantes, les parures recherchées, les décorations brillantes, les charmes séduisants peuvent enflammer l'âme, enivrer le cœur. Et quand l'âme serait enflammée, le cœur enivré d'élégance, de parures et de charmes, cette flamme, cette ivresse, seraient-elles autre chose que les conséquences naturelles des goûts naturels de la femme? De plus, je voudrais bien connaître des cérémonies publiques où l'âme ne trouve pas d'aliments pour s'enflammer, où le cœur en manque pour s'enivrer.

En toute chose il faut considérer la nature et le but de l'action, sans s'arrêter aux périls accidentels, aux dangers de circonstance. Autrement on devrait se résigner à la solitude plus dangereuse encore que tous les exercices corporels.

La santé des femmes est d'un trop grand prix pour la famille et la société pour ne pas saisir toutes les occasions convenables de la maintenir. En effet, sans la santé plus de beauté, plus de fraicheur, plus de gaieté, plus d'appétit, plus de travail, plus de repos; les langueurs, les faiblesses, les chagrins, les humeurs fâcheuses, les rêveries noires, les affections nerveuses affaiblissent leur cœur ou troublent leur esprit.

La santé est le plus riche cadeau de la nature, c'est la source de tous les bonheurs. Or, priver les grandes filles des divertissements qui plaisent et qui récréent, c'est contribuer à faire tarir cette source précieuse, c'est ravir d'avance, aux épouses, aux mères futures, le don le plus riche, le plus fécond, le don par excellence de la santé.

Qu'on ne croie pas non plus que les filles laborieuses, bien élevées, dont les heures de travail et de plaisir sont réglées, s'adonnent passionnément aux réjouissances extérieures pour négliger le travail. Ces réjouissances ne peuvent, au contraire, que leur donner de la force, de la vigueur et du goût pour remplir tous leurs devoirs. Qu'on ne croie pas surtout que des légèretés circonstancielles d'occasion puissent altérer gravement les sentiments vertueux des filles que la pudeur naturelle sait toujours conserver. On raconte que la femme d'Auguste, l'impératrice Livie, rencontra dans son chemin des hommes nus. Ceux qui l'accompagnaient furent indignés d'une telle indécence. « Pour des femmes honnêtes et vertueuses, dit la princesse, des hommes nus ne sont que des statues. »

Cet exemple repose certainement sur un sentiment exagéré de l'honnêteté, mais il n'en est pas moins la preuve que la vertu réside dans le cœur et ne se trouve pas dans les formes extérieures de la vie. Non pas qu'il soit prudent de s'aventurer dans les dangers, mais s'abstenir des distractions habituellement pratiquées dans la société où l'on vit, où l'on doit vivre, c'est exposer à un péril irréparable toutes les vertus naissantes. Je dis donc, avec Fénelon, qu'il vaut beaucoup mieux qu'une jeune fille s'accoutume peu à peu au monde, c'est-à-dire aux usages du monde.

En ce temps décisif, où les filles sèment ce qu'elles doivent recueillir dans la suite, douceur, sagesse, intelligence, prudence, discrétion, complaisance, indulgence, simplicité, élégance, bienfaisance et respect, leurs membres délicats doivent être fortifiés ; il est nécessaire de leur donner de la souplesse et de l'adresse, qualités essentielles à toutes les fonctions de la femme ; tandis qu'il est défendu au nom de la loi naturelle, au nom de la famille, au nom de la société, d'altérer par l'indolence ou l'oisiveté les principes de la force ou de la santé.

On peut donc conclure que, si l'éducation intellectuelle

est nécessaire pour grandir l'intelligence, ennoblir le cœur, assurer la probité et la moralité des pensées, l'éducation physique est indispensable pour rendre capables toutes les facultés physiques, pour semer cette heureuse santé qui fait le bonheur d'une longue vie.

CHAPITRE VI.

Destination, travaux, droits et devoirs de la femme.

Maintenant que les éléments qui constituent la femme ont été étudiés ainsi que sa sensibilité, son activité, ses inclinations, son intelligence et toutes les facultés qui correspondent aux qualités comme aux défauts de l'être le plus charmant et le plus aimable de la création, je pourrai d'autant plus faire connaître sa destinée, que la fin de tout être étant en rapport avec sa nature, la nature féminine a été examinée et jugée dans ses principes comme dans ses conséquences.

Tous les êtres créés ont un but, une fin, c'est-à-dire une destinée particulière; tous les êtres doivent suivre cette destinée; à moins de se soustraire aux lois de la nature, et de se montrer rebelles aux volontés du Créateur éternel. Chaque être organisé a une mission spéciale que la Providence lui a donnée, en le douant, pour la remplir, de forces spéciales et d'une intelligence spéciale.

Ainsi, l'animal se nourrit par instinct, se reproduit par instinct, sent par instinct, se meut par instinct, affectionne et déteste par instinct, remplit sa destinée par instinct, sans chercher à améliorer, sans pouvoir perfectionner, sans s'inquiéter où sa destinée le pousse et le conduit.

Tandis que l'homme, le plus faible des animaux, en naissant devient le premier de tous les êtres organisés, parce que sa destinée est d'être leur administrateur, leur chef et leur maitre. Cette destinée supérieure n'est pas seulement donnée à certaines castes d'hommes privilégiés, mais à tous les êtres humains indistinctement, qui apportent tous, en apparaissant dans la vie, les mêmes germes de lumière et de force.

Si l'homme ressemble aux animaux par son organisation, il diffère complètement d'eux par sa nature raisonnable, par le but et la fin de son existence. L'animal ne sait ni ce qu'il fait, ni où il va ; il ignore sa destinée ; l'homme, malgré sa longue enfance, croit et se développe ; son corps, d'abord faible, se fortifie ; son intelligence communique à ce corps une force supérieure par la pensée et le bon sens ; ses membres sont dirigés, ses organes sont continuellement assistés par une volonté intelligente et libre.

Pendant que l'animal reste toujours le même animal, l'homme riche, fort par la pensée et la parole, raisonne, invente et transmet à ses semblables ses raisonnements et ses inventions. L'existence de l'être humain n'est pas individuelle, elle est sociale ; sa vie n'est pas particulièrement collective, mais généralement collective ; sa place est au sein de la société pour lutter d'amour et d'intelligence, pour rendre plus parfaite l'œuvre étonnante de la création ; or, à moins de renier sa belle origine ainsi que sa fin merveilleuse, l'être humain doit s'abandonner librement à ses tendances, travailler au développement régulier de ces tendances, suivre le mouvement de ses propres facultés, les cultiver, s'en servir pour remplir sa haute et sublime destinée.

Cet être humain, modèle de force et de sentiment, d'intelligence et d'amour, selon qu'il appartient au sexe masculin ou au sexe féminin, ne peut avancer dans la vie en suivant un chemin que la nature ne lui a pas tracé, sans s'exposer à flotter sur la mer irritée des opinions, privé de ce pilote naturel qui ne sauve des passions orageuses que ceux qui traversent l'océan de la vie sur le berceau sacré de la famille et sur le bâtiment commun de la société.

En effet, le berceau de l'enfance devient la barque qui possède le gouvernail de l'individu ; le bâtiment de la société est toujours ce vaste navire qui porte les peuples et les empêche de submerger.

La destinée de la femme, comme celle de l'homme, est donc de vivre en famille et de travailler au sein de la société. Là, seul, la femme ainsi que l'homme peut développer ses connaissances, sa puissance, contracter une union morale et civilisatrice avec tous les autres êtres semblables ; là, seul, elle peut unir la liberté avec la raison ; là, seul, elle peut dompter ses passions et faire triompher ses vertus ; là, seul, elle peut jouir de cette liberté intelligente qui enfante des merveilles ; là, seul, elle ne subit pas cette aveugle fatalité qui consume les corps, cet esclavage intellectuel qui abêtit les esprits; là, seul, enfin, elle peut remplir toute sa destinée.

Oui, c'est dans la société seulement que la femme peut apprendre ses droits indéniables, et connaître ses devoirs les plus rigoureux. La doctrine sociale, tout en renfermant la femme dans le cercle de la famille, l'environne d'égards et de respect, même dans les circonstances publiques, où ses conseils toujours dignes d'intérêt sont généreusement appréciés, sans que son action directe soit admise dans les emplois civils ou politiques, qui sont le partage naturel et le domaine exclusif de l'homme.

J'ai proclamé ouvertement la liberté de la femme dans ses attributions, mais je n'ai jamais prétendu à son émancipation complète, car je regarde comme aventureuse, où tout au moins comme hardie, la doctrine qui conseille cette émancipation. Aucun fait, aucune coutume, aucun souvenir ne peut attester l'ombre, même passagère, de l'efficacité de cet enseignement, que la passion de l'éclat ou de la nouveauté peut seule inspirer.

Que diraient les rares partisans de cette doctrine inusitée, si l'homme, sortant de sa haute sphère, abandonnant les travaux pénibles, délaissant les arts et les sciences, refusant de porter l'épée ou d'affronter les périls de la navigation, s'occupait exclusivement des soins domestiques, prenait l'aiguille, s'armait d'un rouet ou d'un fuseau, visitait simplement les champs et les bosquets afin de les admirer ou d'y cueillir une plante, une fleur?

Pourquoi demander alors que la femme s'éloigne de

sa destinée naturelle, pour tenter des aventures irréalisables, ou essayer de remplir des missions contraires à sa nature, à son caractère, à ses mœurs, à ses habitudes, à son bonheur?

La femme possède, soit en elle-même, soit dans les fonctions apparemment humbles et soumises qui lui sont destinées, des qualités moins voyantes, moins éclatantes que l'homme dans ses fonctions élevées et directrices. Mais ces qualités n'en sont pas moins nobles ni moins utiles, et surtout elles suffisent amplement à honorer la femme qui les possède. Aussi, les cultiver, les faire fructifier est le grand mérite personnel de la femme; c'est le rehaussement de sa nature, l'honneur de la famille et la gloire de la société.

Ce n'est pas, en effet, en exposant un être si doué pour certaines attributions dignes du plus grand intérêt à des occupations ou à des fonctions contraires à ses aptitudes, à ses goûts, qu'on l'élève ou qu'on l'honore : on ne peut que l'obliger à descendre ou à démériter. De même qu'en proclamant l'émancipation de l'enfant on annule l'autorité paternelle, de même en proclamant l'émancipation complète de la femme, on la soustrairait à l'autorité la plus sacrée, à l'autorité maritale, si nécessaire à la prospérité de la famille.

Quand il s'agit des intérêts supérieurs de la famille et de la société, il ne faut pas se laisser aveugler par des tentatives imaginaires de grandeur, ni favoriser certaines imaginations infatuées de quelques capacités grossies par des félicitations outrées, ni placer ces capacités sur la pente entrainante des prétentions ambitieuses; ce serait étouffer les plus grandes vertus morales, puisque ce serait condamner à l'oubli les précieuses qualités inhérentes au sexe féminin, ce serait déclasser la femme et l'obliger volontairement à commettre des fautes involontaires.

Il ne faut pas conclure de ce que la femme ait généralement les mêmes facultés, les mêmes aptitudes et les mêmes inclinations que l'homme, qu'elle puisse remplir les mêmes fonctions; car il existe une disproportion dans les qualités ainsi que dans la valeur de ces présents communs; cette disproportion prescrit naturellement des obligations différentes. La faiblesse en intelligence, en caractère, en persévérance, ne doit pas prétendre aux attributions de la force; deux êtres inégaux ne peuvent vivre, ni fonctionner entièrement égaux.

En effet, il faut à des natures différentes des fonctions différentes; or, si la femme est née pour administrer tout ce qui intéresse la vie domestique, elle n'est pas destinée à déterminer les rapports de l'état et des citoyens, à faire les lois, à régler les finances, à entretenir les relations entre les peuples, à donner son avis sur des questions litigieuses, et surtout à les juger. Car elle ne pourrait imprimer ces grands mouvements féconds, ni déployer assez de connaissance, de fermeté et de persévérance.

La femme n'est pas seulement femme par le corps, mais elle l'est par l'esprit, par le cœur, par l'intelligence et par le caractère.

Quels seraient donc les avantages de la société, si la femme devenait homme d'action, citoyenne d'action? Quel bonheur personnel pourrait trouver la femme à ce changement? Pourquoi donc aspirer à des carrières étrangères ou contraires à sa propre nature; sortir de son niveau, c'est devenir un être inutile et souvent nuisible; c'est altérer ses propres facultés, et les ensevelir dans le gouffre déplorable de l'impuissance.

Ce n'est pas que je méconnaisse la finesse de la femme et sa justesse; je les ai trop proclamées dans ses attributions pour les renier dans les affaires publiques; mais cette finesse, cette justesse ne peuvent, ne doivent s'exercer que par des conseils et non par des actes. Autant il est important que la femme soit citoyenne par le cœur, citoyenne par l'âme, citoyenne par les conseils; autant il est nécessaire qu'elle ne soit nullement citoyenne par les fonctions, ni par les actions.

« Les femmes, dit Jules Favre, sont un auxiliaire » considérable; elles ont toujours, dans notre patrie au » moins, joué un rôle considérable qui n'a jamais été » aussi important que celui que leur assurent et leur » mérite et leurs qualités sociales. Ce n'est pas seulement » dans les salons qu'elles doivent régner. Dans un pays » libre, elles doivent être libres aussi, et pour être les » dignes compagnes de citoyens, des mères de citoyens, » il faut qu'elles apprennent à être citoyennes, qu'elles » cessent d'être indifférentes aux destinées de leur » patrie, qu'elles se pénètrent de la science, qu'elles » s'affranchissent de tous les jougs, excepté de celui du » devoir et de la moralité. Qu'elles soient dans nos » maisons les représentants toujours adorés des grâces » et de la pudeur, mais qu'elles cessent d'y être comme » des meubles élégants et frivoles qu'on peut admirer, » mais dont on ne tire aucun parti. Non! non! leur rôle

» est immense. Je ne suis pas téméraire en affirmant
» qu'une partie de l'avenir est dans leurs mains.

» C'est elles qui forment les hommes. Sur les genoux
» de sa mère, l'enfant ne doit pas seulement attendre
» la tendresse, il faut que son jeune esprit, comme au
» matin, la fleur cherche le soleil, s'y ouvre à l'intelli-
» gence, reçoive ces conseils qui fortifient, élèvent,
» instruisent et restent pendant tout le cours de sa vie
» comme les plus salutaires leçons. »

L'ardent défenseur de la liberté, le chaleureux ami de l'émancipation humaine, ne revendique pas pour la femme le rôle de citoyenne d'action; et tout en lui attribuant, avec raison, un rôle immense dans la société, il borne son rôle actif à la famille, lui demandant pour tous les intérêts publics, un rôle intérieur, ses sentiments, ses convictions, ses conseils.

Cette doctrine est, du reste, celle du plus grand nombre, principalement des politiques expérimentés et des moralistes éclairés : Bonnin a décrit la destinée de la femme dans un langage d'autant plus admirable, qu'il revêt les caractères de la vérité la plus pure et la plus honnête. « La femme, dit-il, a une destinée propre
» dans l'ordre naturel, aussi bien que dans l'ordre
» social, destination déterminée en elle par son orga-
» nisation, conséquemment par la nature des fonctions
» qu'elle a à remplir dans le cours de sa vie, et par la
» place qu'elle occupe dans la société domestique et civile.
» Tout ceci n'est point arbitraire, ni un résultat de la
» suprématie protectrice, que la force corporelle et
» intellectuelle de l'homme lui donne naturellement, et
» par les lois sur la femme, c'est un résultat nécessaire

» de sa nature, aussi bien qu'une loi impérieuse du bon » sens. Naturellement faible, presque continuellement » obligée de veiller sur elle-même pour se maintenir en » santé, plus faite pour sentir que pour imaginer, pour » surveiller que pour entreprendre, plus propre à » conserver qu'à créer, à la vie sédentaire qu'aux » grands mouvements, au courage de patience et à » l'héroïsme de constance et de résignation, qu'aux » entreprises hardies et périlleuses, la destination de la » femme est ainsi toute casanière, et ses devoirs sont » tous de l'intérieur de la maison. Aussi la nature l'a » douée des qualités propres au rôle qu'elle lui » impose. »

Ce n'est pas que l'influence de la femme dans la vie de famille, dans la vie domestique et dans toutes les choses privées, ne rayonne dans la vie publique ; l'ascendant qu'elle sait si habilement conquérir par son activité prodigieuse et sa finesse merveilleuse, prouve, du reste, que la femme n'existe pas seulement pour se renfermer exclusivement dans le cercle étroit du ménage. Mais s'il lui est permis et même prescrit de sortir de ce cercle qui est le sien propre, ses actions et ses fonctions dans la société n'en doivent pas être moins particulières, ni moins privées. Que son cœur, par exemple, s'attendrisse à la vue des pauvres du village, que son âme s'ouvre tout entière pour secourir l'orphelin, qui lui tend les bras comme à sa mère, la femme remplira fidèlement son rôle social ; de tels services particuliers deviendront d'immenses services publics.

Mais en voulant faire paraitre la femme sur la scène politique, en demandant d'elle un rôle actif et public, on cède à des entraînements peut-être patriotiques, mais sûrement intempestifs et irréfléchis, puisqu'on tend à renverser les rôles de la nature. La main de l'homme peut détourner le cours d'une rivière, même d'un fleuve, mais le courant suit toujours sa pente jusqu'à ce qu'il se confonde pour toujours dans cet immense réservoir qui est la destinée commune de toutes les rivières et de tous les fleuves.

Enfin, ces aspirations immodérées sembleraient faire croire que le champ n'est pas assez vaste pour utiliser toutes les facultés et toutes les aptitudes des femmes, pour contenter leurs goûts et leurs inclinations, pour leur permettre de s'élever à la hauteur de leurs mérites.

Mais, quand on pense que la destinée naturelle des femmes est de semer, cultiver et récolter tout ce qui fait le bien-être de la famille, de préparer, animer et charmer les délices de la famille, de ranimer les sentiments et développer les idées morales de la famille ; quand on songe que dans la société cette destinée est de faire naître les idées d'affection et d'amitié, d'enseigner, par l'exemple, la douceur, la tendresse et l'amour, d'inspirer les grandes vertus de la bienfaisance et de la charité, de faire entendre des paroles de consolation et de justice, quand on peut dire, en un mot, que les femmes doivent imprimer le sentiment à tous les actes de la vie privée, et perfectionner cette vie elle-même, on a de la peine à comprendre les conseils qui les obligeraient à déserter ces postes d'honneur. Laissons les femmes rester femmes, car en les laissant devenir hommes ce serait les amoindrir, ce serait les faire descendre. La vraie et solide grandeur de tout être est dans le perfectionnement de ses qualités et de ses vertus spéciales, dans l'accomplissement de ses devoirs naturels.

« La femme, dit encore J.-J. Rousseau, vaut mieux
» comme femme et moins comme homme ; partout où
» elle fait valoir ses droits, elle a l'avantage; partout
» où elle veut usurper les nôtres, elle reste au-dessous
» de nous..... Cultiver sans les femmes les qualités de
» l'homme, et négliger celles qui leur sont propres,
» c'est donc visiblement travailler à leur préjudice ; les
» rusées le voient trop bien pour en être les dupes ; en
» tâchant d'usurper nos avantages elles n'abandonnent
» pas les leurs, mais il arrive que ne pouvant bien ménager
» ni les uns ni les autres, parce qu'ils sont incompa-
» tibles, elles restent au-dessous de leur portée sans se
» mettre à la nôtre, et perdent la moitié de leur prix. »

Enfin, l'observation et l'expérience nous prouvent assez que les femmes les plus humbles ont des prétentions secrètes, sans doute, mais qui n'en sont pas moins exagérées, hautaines et ambitieuses. Comment alors concilier la soumission que, dans l'ordre naturel, la femme doit à l'homme, avec son émancipation complète, avec des attributions semblables et même égales à celles de son chef. Usurper les droits de l'homme, méconnaitre la voix de ses maîtres, substituer à sa puissance naturelle, si heureusement influente par la douceur, les caresses et l'affection, une autre puissance fatalement tyrannique, voilà les conséquences déplorables de la doctrine subsersive qui tendrait à faire de la femme un homme social et politique.

Je voudrais voir pendant un très court espace de temps, car le temps qui enfante le mal est toujours trop long, je voudrais voir, dis-je, avec la vitesse de la lumière, les femmes ceindre l'épée, présider à des exercices militaires, tenir une place au barreau, présenter la défense d'un coupable, participer au choix des mandataires du pays, travailler à la confection des lois ! Comme elles seraient bientôt les premières à comprendre que leurs qualités gouvernementales ne sont ni assez impartiales, ni assez constantes ; comme elles rabattraient elles-mêmes de leurs prétentions déclassées ; comme elles s'empresseraient d'abandonner les postes de l'homme en voyant le désordre se répandre dans la famille, la désorganisation envahir la société, et, conséquemment, toutes les vertus morales et sociales descendre et dégénérer.

Ne détournons donc pas les femmes de leur grande et véritable mission, ce serait altérer leur caractère, leur vie elle-même. Plaçons-les, comme les hommes, à leur véritable rang ; c'est l'intérêt suprême de la famille et de la société. Le titre d'égalité que nous reconnaissons entre l'homme et la femme ne peut donner des fonctions égales, la mission de la femme étant différente de celle de l'homme.

Mais, pendant que les hommes rivalisent de bon sens, d'intelligence et de dévouement, tenant fièrement dans leurs mains le gouvernail de toutes les institutions, que les femmes veillent affectueusement auprès de ces hommes qui se consacrent aux intérêts publics, afin de les aider de leurs conseils toujours précieux, afin d'adoucir leurs cœurs, afin de polir leurs mœurs, afin de jouir de leurs succès, afin de partager leurs infortunes. Les hommes auront alors le mérite et la gloire de leurs actions, les femmes auront le plaisir et l'honneur d'y contribuer, la société vivra de ce concert intelligent.

« Les hommes, dit toujours J.-J. Rousseau, philoso-
» phent mieux que la femme sur le cœur humain, mais
» elle lira mieux qu'eux dans le cœur des hommes. La
» femme a plus d'esprit, l'homme plus de génie ; la femme
» observe, l'homme raisonne. De ce concours résultent
» la lumière la plus claire et la science la plus complète
» que puisse acquérir de lui-même l'esprit humain. »

Mais si la femme ne doit pas être une citoyenne d'action, sa destinée sociale lui commande d'être citoyenne par les pensées, par les convictions, par le savoir. Sa grande, sa principale condition étant de devenir épouse et mère de citoyens, pour être une épouse fidèle, une mère institutrice de citoyens, son cœur et son âme doivent être le cœur et l'âme d'une citoyenne.

Nous entrons maintenant dans la phase la plus solennelle de la destinée féminine : le mariage et la maternité qui sont par excellence les deux conditions morales et sociales des femmes.

Bien que je me réserve de traiter postérieurement ces deux époques intéressantes et nécessaires de la vie des femmes, puisqu'elles sont l'honneur et le terme de leur existence civile et sociale, il est nécessaire d'apprécier ici d'une manière générale les titres augustes et vertueux d'épouse et de mère.

Aussi, ne parlerai-je pas encore du mariage comme société légitime de l'homme et de la femme s'unissant pour perpétuer leur espèce, pour s'aider à supporter le poids de la vie, pour partager leur commune destinée ; je n'étudierai pas encore ses lois solennelles et sacrées, ses dispositions, ses formalités, ses obligations, ses droits et ses devoirs ; je montrerai seulement la nécessité de son existence, son importance capitale pour la morale publique, pour l'avenir de l'espèce humaine.

Le mariage est d'abord l'état le plus naturel, le plus honorable de deux êtres créés l'un pour l'autre et placés dans la vie pour se procurer mutuellement assistance, consolation et bonheur. C'est la destinée la plus légitime, imposée par la nature, conseillée et même prescrite par les lois de tous les peuples civilisés, à la femme comme à l'homme, puisque ces mêmes peuples privaient de certains honneurs la femme célibataire, l'abaissaient par le mépris ou par des emplois humiliants ; tandis qu'ils honoraient et élevaient la femme mariée, l'environnant des plus grands égards, lui accordant le respect le plus profond.

Le mariage a encore pour lui l'utilité la plus morale, la nécessité la plus impérieuse, de la perpétuité de l'existence humaine ; car c'est la semence de la famille, les entrailles vivantes et productrices de la société. « Le mariage est, dit Proudhon, le mystère vivant de » l'harmonie universelle, la forme donnée par la nature » même à la religion du genre humain. »

Sentinelle vigilante et gardienne des bonnes mœurs, le mariage est presque toute la morale publique de la société, soustrayant la femme à cette déshonorante complaisance qui la pousse à se livrer à toutes les séductions; c'est le complément nécessaire de la sagesse et de la vertu ; c'est surtout la solennelle émancipation de la femme, prenant son vrai rang, s'asseyant à la place qui lui est destinée dans la grande famille humaine, en revêtant la dignité respectable d'épouse, espoir sacré de la maternité. Ce qui a fait dire à A. Martin, que le mariage établit l'homme dans ses droits, la société dans la règle et le genre humain dans la vertu.

Enfin, le mariage soutient l'homme et la femme sur la route pénible de la vie, où l'on grimpe plutôt qu'on ne marche, car au sein de cette union morale et sociale, ils puisent, dans leurs mutuelles affections, un allègement aux peines, un surcroit aux plaisirs. « C'est, dit » Alibert, un lien que l'espoir embellit, que le bonheur » conserve et que le malheur fortifie. »

Mais si le mariage est la condition éminemment sociale, honorable et nécessaire des femmes ; le célibat est au contraire, pour elle comme pour la société, une condition nomade, humiliante et coupable ; « c'est, dit A. Martin, » le scandale du monde, le suicide du genre » humain. »

Les Grecs et les Romains, toujours nos modèles en morale comme en vertus, ont toujours regardé le célibat comme un opprobe fait à la nature, et l'ont condamné comme un outrage fait à la société humaine. Malgré le respect exagéré et fanatique que le peuple souverain portait aux six Vestales, les poètes, qui chantaient les gloires et les triomphes des vainqueurs du monde, stigmatisaient les vierges romaines, flétrissant de leur lyre amère les amours incesteuses auxquelles s'abandonnaient de coupables et luxurieuses célibataires.

En effet, à l'époque la plus éclairée et la plus glorieuse des maîtres du monde, le célibat avait corrompu les vertus les plus mâles ; il avait plongé les femmes romaines dans l'abaissement le plus honteux, le désordre le plus immoral. Les modestes et laborieuses fileuses étaient devenues d'orgueilleuses et lâches courtisanes, marchant tête levée, remplissant effrontément la voie publique, s'emparant audacieusement des premières places dans toutes les cérémonies solennelles. Cette dépravation générale effraya le souverain lui-même ; Auguste fut obligé de punir sévèrement le célibat, et de récompenser d'autant plus généreusement le mariage que les époux avaient l'honneur et le bonheur de donner plus d'enfants à la patrie. La loi Papia Poppœa fut faite pour opposer une digue aux débordements, pour porter remède à la faiblesse, l'égoïsme et la corruption des célibataires, pour arrêter une dépopulation générale et désolante. Cette loi accordait, en outre, de nombreux privilèges aux mères fécondes comme aux pères courageux, diminuant, chez ces derniers, d'un an, par enfant, le service nécessaire pour arriver aux charges les plus élevées de l'Etat.

Les peuples modernes, qui tendent toujours de plus en plus à s'inspirer du souffle vivifiant de la liberté, ont tous des paroles sévères et des conseils patriotiques pour condamner le célibat, pour encourager le mariage. Puissent ces paroles et ces conseils devenir pour les citoyens et les citoyennes des oracles et des ordres.

La femme, en effet, ainsi que l'homme, a-t-elle le droit de s'abstenir de faire le bien, surtout le bien public ? Est-ce que l'être qui contemplerait avec indifférence l'accomplissement d'un meurtre ne serait pas consciencieusement aussi coupable que l'insensé qui, dans un accès de colère ou de fureur, se précipiterait sur sa victime ? Or, garder le célibat n'est-ce pas reculer devant le grand devoir de la nature ? N'est-ce pas renier la loi de l'humanité qui prescrit de se multiplier.

La vie n'est point notre propriété, c'est une concession volontaire de la nature, un dépôt inviolable et sacré auquel nous ne pouvons toucher, un dépôt surtout dont nous ne pouvons disposer sans violer la loi naturelle, sans outrager tous les sentiments humains. Par conséquent, ne pas donner à d'autres cette vie que nous avons été si heureux de recevoir, n'est-ce pas se soustraire à l'obligation rigoureuse de restituer ce dépôt qui, en se perpétuant, ne peut ni disparaitre ni s'éteindre. Quand un soldat succombe au poste du combat, on le remplace; quand un citoyen quitte la grande famille humaine, un descendant doit prendre sa place.

Cependant le catholicisme proclame comme la première des vertus et le plus généreux des sacrifices, le célibat embrassé pour des motifs religieux. Il exalte principalement chez la femme cette condition pourtant contraire à sa destinée, comme si les devoirs religieux pouvaient être opposés aux devoirs naturels ; comme si la doctrine qui lance ses foudres contre les célibataires civils et même contre les mariages sans famille pouvait élever le célibat religieux jusqu'au sommet des régions les plus élevées.

Cette exaltation de la virginité a eu dans tous les temps pour motifs des erreurs absurdes, ou des croyances aussi fausses que mystérieuses. La condition virginale, qui pourtant est loin de l'héroïsme de la maternité, a même rencontré chez les philosophes et les moralistes des défenseurs qui sont allés jusqu'à trouver mauvaise l'union des corps,

Aussi certains peuples ont-ils pratiqué passionnément et religieusement le culte de la virginité. Les Péruviens vénéraient les vierges consacrées au soleil ; la majesté suprême pour montrer la nécessité de cette vénération se prosternait devant leur sainteté, souveraines prosternations faites intentionnellement afin de pousser la crédulité publique à croire à la divinité du Patchacamak

Les Romains, qui vénéraient la maternité, eurent leurs fameuses vestales, que Numa, le législateur religieux de Rome, avait chargées d'entretenir le feu sacré sur l'autel de Vesta.

Considérée comme une des plus anciennes divinités, vénérée dans toute la Grèce, qui lui avait élevé autant de temples, autant d'autels, qu'elle comptait de villes, la fille de Saturne était la déesse de ce feu salutaire et bienfaisant qui conservait le principe fécond de la vie humaine. Le roi pieux n'ignorait pas les honneurs extraordinaires qu'on rendait à Vesta ; il savait que Jupiter lui avait accordé le privilège de conserver perpétuellement sa virginité.

L'habile souverain fit bâtir dans Rome, un temple à la vierge divine, et fonda le collège des Vestales, chargées d'entretenir le feu sacré, qu'on a regardé longtemps comme le gage de l'empire du monde.

Ces prêtresses innocentes étaient choisies parmi les familles patriciennes, c'est-à-dire de naissance libre et n'exerçant aucun métier vil. Elles étaient revêtues de la dignité de vestales par le grand pontife, à l'âge de six à dix ans ; c'est en présence du peuple qu'elles recevaient les bandelettes sacrées et le manteau de pourpre. Un de leurs principaux devoirs était de se conserver pures et chastes pendant les trente années que durait leur service dans le temple de Vesta. Après ce premier devoir, qui intéressait également leur honneur, leur vie même et la religion des Romains, les vestales veillaient jour et nuit, chacune à leur tour, sur le feu mystérieux, à la conservation duquel Rome attachait sa gloire et son salut. Le reste de leur temps était consacré à des prières continuelles, afin de faire croire que les vierges de Vesta pouvaient, dans les dangers comme dans les malheurs publics, fléchir le courroux des dieux, et faire descendre à tout instant du sommet de l'Olympe les faveurs divines sur les citoyens comme sur la ville.

La conduite des Vestales devait être un modèle de gravité et de chasteté ; le plus léger oubli, un commerce tendre, un signe trop libre attirait sur elles des punitions rigoureuses. Si malheureusement elles violaient leur serment de virginité, on les ensevelissait vivantes dans un caveau.

Afin de ne pas jeter le désespoir dans les familles et de pouvoir toujours trouver des Vestales, les lois romaines accordaient des prérogatives considérables aux chastes prêtresses qui recevaient des honneurs extraordinaires. Affranchies de l'autorité paternelle, elles étaient maîtresses d'elles-mêmes. En public, elles marchaient fièrement précédées de licteurs portant des faisceaux, et les premiers magistrats de Rome leur cédaient le pas. Lorsqu'elles rencontraient un criminel condamné à mort, cette rencontre fortuite suffisait pour lui sauver la vie, honneurs suprêmes, autorité souveraine, tous ces motifs si puissants sur le cœur de la femme ne pouvaient que faciliter le collège des Vestales.

Les Gaulois avaient aussi leurs vierges qu'ils considéraient plus que les veuves. Des druidesses consacrées à la divinité vivaient en commun, retirées dans les iles de la mer et des fleuves. On faisait croire au peuple toujours trop crédule, qu'elles étaient douées du pouvoir de soulever ou d'apaiser les vents et les flots, de prendre à volonté toutes sortes de formes d'animaux et de prédire l'avenir.

Mais tous ces honneurs, toutes ces vénérations ne légitiment pas les conditions virginales; car les Vestales, comme les filles du soleil et les druidesses, innocentes ou coupables, chastes ou impures, n'étaient que les instruments aveugles d'un pouvoir souverain, se servant des vierges et des prêtresses pour seconder leur autorité, répandre leurs enseignements, attirer l'attention publique sur des objets incompréhensibles ou étrangers, nourrir les sentiments naïfs des citoyens. Aussi, les Vestales, les filles du soleil, et les druidesses remplissaient-elles une mission contraire à la condition naturelle des femmes.

Ce n'est pas qu'on ne puisse concevoir une admiration pour l'étonnante vertu de la virginité que tous les peuples ont respectée, que des poètes ont célébrée, que des philosophes ont glorifiée. Mais ils ont surtout respecté, célébré, admiré, cet état de force surhumaine dans les jeunes filles, qui vivent d'abord vertueuses à côté de leur mère sous le toit paternel, pour se couvrir ensuite de quelques fleurs d'oranger, d'une couronne de roses blanches, le jour de leur union conjugale, jour solennel, charmante aurore de la grande et sublime mission des femmes.

On ne peut admettre surtout la prééminence de la virginité sur le mariage, encore moins sur la maternité. Le mariage est, en effet, un devoir trop naturel, une obligation trop sociale, pour qu'en accomplissant ce devoir et cette obligation on puisse s'éloigner de la perfection. La qualité de la maternité est la qualité par excellence de la famille et de l'humanité. Or, comment les femmes qui renoncent volontairement aux devoirs d'épouse, à la sublime et vertueuse qualité de mère, pourraient-elles devenir plus parfaites par cette coupable renonciation par ce lâche abandon de la dette la plus sacrée, que les femmes doivent à la nature. Le mariage serait-il donc si imparfait qu'il inspirerait à certaines âmes, oublieuses de leur destinée, quelque sentiment de honte ? Est-ce qu'il se trouverait encore une femme, pourtant heureuse elle-même d'être née d'une mère, pour voir sincèrement quelque défaut dans la nature de la maternité, qui unit intimement le cœur de la femme avec toute la nature ? Oh ! alors je reconnaîtrais les conséquences superstitieuses et funestes de cette éducation vicieuse, qui n'a jamais su inspirer ces principes sociaux, dont l'application pure et simple fait le charme moral des femmés, mais qui n'a su malheureusement qu'enchaîner ou étouffer la raison et les sentiments naturels, par des maximes futiles ou mystérieuses, par des idées pusillanimes, ou fausses, laissant intentionnellement la jeune fille dans une ignorance profonde de la vie conjugale, de la maternité, de leurs émotions, ainsi que de leurs responsabilités ; préjugés déplorables qui envahissent ensuite les sanctuaires augustes de la famille.

Oh! pourquoi se taire sur la seule condition qui moralise complètement la femme, en limitant ses désirs immenses, qui l'émancipe en l'associant à un citoyen libre, et, maître de ses destinées, qui l'ennoblit en la préparant au chaste et sublime sacerdoce de la maternité.

Maintenant qu'elle est donc la condition des vierges, de ces vierges vivant et travaillant comme des esclaves dans des associations qui suppriment la volonté individuelle, absorbent la liberté individuelle et confisquent à leur profit tous les sentiments individuels?

L'essence de l'esclavage est, en effet, la destruction de l'individualité, l'annulation de la personnalité humaine. Cet état avilisant pour la condition de la femme, comme pour celle de l'homme, embrasse tous les degrés de la dépendance forcée; car l'obéissance à la contrainte est l'obéissance de l'esclave.

Que l'on soit la propriété de la barbarie et du despotisme, ou une servante aveuglément et forcément soumise, on n'est plus qu'un être privé de toute liberté personnelle. Chez la femme comme chez l'homme, la liberté se résout dans l'individualité, nulle femme ainsi que nul homme, n'est libre, si elle n'est individuellement libre. Or, toute personne qui n'est pas individuellement libre, n'est plus un être moral, capable de courage et de vertu. C'est un être rejeté en dehors du droit commun.

Qu'on ne dise pas non plus que dans ces associations on proclame l'égalité des femmes qui les composent. Tout est au contraire, la négation la plus complète de 'égalité, la négation même de la personnalité, le sacrifice de tout ce qui peut rappeler cette personnalité, le sacrifice de son nom, de ce nom seul que la loi connait, de ce nom d'autant plus cher, d'autant plus sacré, que c'est un père qui l'a transmis.

Oui, les femmes des associations qui ne craignent pas d'arborer le drapeau de la virginité, ne sont pour ces associations que des instruments de travail, des machines aveugles, sacrifiant tout ce qu'elles font à un maitre autocrate, abandonnant leur volonté, leurs sentiments, leur personne à ce maitre inconnu. Comme l'esclave elles ne peuvent contracter mariage ; comme l'esclave elles n'ont plus de famille, puisqu'elles en renient le nom ; comme l'esclave elles n'ont point de propriété.

Qu'on ne compare pas non plus cette armée singulière de femmes sans volonté, sans liberté, sans individualité avec les soldats de la nation ! Les soldats enrôlés pour la défense du pays, sont, il est vrai, tenus à des devoirs rigoureux et soumis à une discipline sévère ; mais il n'en sont pas moins les chers et précieux enfants de la patrie ; ils n'en sont pas moins des citoyens, gardant leur nom et leurs titres, ne perdant aucun droit, conservant la plénitude de leur individualité.

Sans doute cet esclavage ne ressemble pas à ce trafic odieux, qu'on pratique encore dans les pays où la civilisation n'a pu pénétrer pour faire disparaitre cette honte inhumaine. Les vierges cloitrées ne sont ni maltraitées ni vendues ; elles ne sont pas même citées devant un magistrat, pour les faire condamner à des traitements barbares, bien qu'en cela, elles ne puissent, comme le pouvaient beaucoup d'esclaves, implorer, au besoin, le secours d'un magistrat. Apparemment la dignité de leur existence n'est pas atteinte, leur vie n'est pas en danger. Mais on exige, sans aucun retour d'intérêt ou d'honneur, tous leurs services, tout leur travail, intellectuel et moral.

De plus, l'égalité naturelle est méconnue, le développement de l'intelligence est suspendu, le perfectionnement des qualités est frappé d'impuissance. Car, sous prétexte de ne pas déroger à des promesses publiques ou secrètes, les femmes cloitrées ne doivent ni chercher quelque nouvelle lumière, ni connaître la cause ou les motifs de celles qu'elles reçoivent.

J'ai dit que le pouvoir tout-puissant qui les enchaîne, ne s'exerce pas brutalement ; mais la despotique douceur n'en est pas moins asservissante. Et si parmi elles il y a des rangs et des distinctions, ces rangs et ces distinctions, ne sont encore accordés qu'à des esclaves plus riches ou plus considérées, commandant à des esclaves plus humbles ou plus oubliées, l'autorité, comme la protection ne revêtant ni le caractère de l'intelligence ni les marques de la confiance. Ce ne sont en effet, que des infériorités graduées et des dépendances forcées, tout autant d'états contraires à la liberté naturelle, à la liberté civile, à la liberté religieuse.

O grande et intelligente fille dégagée maintenant des scrupules superstitieux, et des fausses idées, embrasse généreusement ta destinée ; couvre ta tête, aussi vierge, aussi pure que ton âme, d'une fleur d'oranger ou d'une couronne de roses blanches ; donne ton cœur toujours virginal à un époux qui te rendra le sien. La nature te le commande, la société t'y oblige ; car s'il faut à l'homme une compagne, il faut à la femme un appui.

Que j'aimerais avoir en ce moment, le cœur d'une épouse aimante et fidèle, d'une mère généreuse et dévouée, pour te faire comprendre les douceurs et les charmes de la vie conjugale, pour t'inspirer déjà l'amour maternel, la plus pure, la plus noble des jouissances. Comme je me plairais à faire pénétrer dans ta belle âme les pensées consolantes, les intimités prévenantes, les secrets délicieux qui remplissent la vie d'une épouse. Comme je serais heureux de te peindre le charmant berceau renfermant les plus chères, les plus douces affections d'une mère, une espérance précieuse, un petit enfant, image du père et de la mère, fruit intelligent d'un arbre formé de deux branches humaines.

Mais les pensées d'un homme sont trop mâles, ses sentiments trop virils. Alors je me contenterai de te raconter les impressions que j'éprouvai, et que tout homme de cœur aurait éprouvées un jour que je trouvai par hasard deux femmes bien différentes.

Ce jour-là, au moment où le soleil bienfaisant aller cacher sa lumière éclatante dans les ondes majestueuses de l'océan, je suivais un de ces sentiers étroits que l'on pratique ordinairement dans les champs de grande culture. Je rencontrai deux femmes à quelques pas de distance l'une de l'autre. Cette rencontre, m'arrachant à mes rêveries agricoles, m'inspira des sentiments bien divers.

L'une de ces femmes, vêtue de noir et portant un voile, marchait à pas comptés et paraissait insoucieuse ou rêveuse. Livrée, sans doute, à quelques méditations mystiques, elle affectait un air hautement distrait. Son cœur, glacé pour les beautés de la nature, ne goûtait pas les délices innocentes de la campagne. On aurait dit que son âme indifférente fuyait ces lieux enchantés, comme on fuit le désert ou la terre étrangère.

L'autre habillée comme toutes les femmes de la campagne, tenait par la main un joli petit enfant qu'elle caressait. La mère de famille ouvrant de grands yeux bleus me regarda fixement ; je m'empressai de saluer, dans le charmant enfant, le fruit vertueux de la maternité, et, dans la gracieuse mère, une âme tendre et généreuse, un cœur modeste et confiant.

C'était, en effet, la vraie femme ouvrant sa belle âme aux douces illusions de l'avenir ; c'était l'innocence des pensées au milieu de l'air pur et serein ; c'était la tendresse affectueuse et souriante au sein de la nature riche et féconde ; c'était l'amour, la plus belle fleur de la vie, couvrant de caresses et de baisers le plus beau fruit de la nature, au milieu des fleurs exhalant de suaves parfums. C'était l'heureuse épouse allant joyeusement au devant de son laborieux époux, non pour partager ses travaux, mais pour l'en distraire, pour lui faire oublier les fatigues d'une pénible journée ; c'était la mère vigilante qui, après avoir tout préparé dans le modeste ménage, allait présenter à l'amitié d'un père affectueux le précieux espoir de la famille.

O grande fille intelligente, regarde pendant que la virginité imaginaire ou réelle fuit tristement sans connaître les doux liens naturels, qui retiennent et qui délassent, la maternité contente se repose jusque dans les champs, sur l'avenir d'un enfant et le cœur d'un époux.

Si un enseignement funeste a jeté dans ton cœur, trop jeune et trop impressionnable quelque sentiment de défiance sur l'honnêteté conjugale, ou sur la vertueuse grandeur de la maternité, secoue vivement ces fausses défiances, considère le mariage comme une douce obligation, qui relève le caractère, la nature et la condition des femmes ; regarde la maternité comme une sainte obéissance aux sages lois de la nature.

J'ai déjà prouvé que la qualité de mère est la seule qui ait inspiré un respect constant, perpétuel et universel pour les femmes. Or, comment pouvoir admettre qu'une qualité aussi universellement admirée, aussi honorablement respectée et généreusement récompensée puisse prendre la plus légère teinte de quelque imperfection ? Comment pouvoir croire qu'en renonçant à cette qualité toujours éminemment sociale, quelquefois héroïquement humaine, des femmes puissent parvenir à un plus haut degré de perfection ?

Un être ne peut pas plus se perfectionner, en négligeant d'acquérir une qualité, qu'il ne peut enrichir son intelligence par l'oubli de quelque vérité, ou sa bourse, par une perte matérielle.

Aussi la femme, qui grandit, qui se perfectionne, est celle qui obéit à la nature, toujours plus sage et plus parfaite que nous ; tandis que la femme qui se soustrait à ses saintes lois, rompt le contrat naturel qu'elle a signé, le jour de sa naissance, déchire le pacte fondamental de la famille, abandonne son poste, déserte, et passe à l'étranger.

Mais toi, grande fille intelligente, tu ne rompras pas ce contrat, tu ne déchireras pas le pacte, tu n'abandonneras pas ton poste, et tu ne marcheras pas seule dans la vie. La route de l'existence humaine est un long sentier étroit où l'on grimpe péniblement, c'est un océan de passions dangereuses, engloutissant dans son sein toujours avide, les plus grandes et les plus solides vertus. Il te faut donc un compagnon pour t'aider, un pilote pour te guider. Ce compagnon, ce pilote, tu l'aimeras, il t'aimera, tu le rendras heureux, et par lui tu vivras heureuse. La Providence te bénira en te donnant d'agréables enfants que tu élèveras et que tu instruiras; l'heureuse et féconde lumière que tu répandras sur leurs jeunes années rejaillira sur toi ; la société te sera reconnaissante d'avoir donné des citoyens intelligents et utiles à la nation ; chaque jour la conscience te répètera que tu remplis la mission pour laquelle tu as été mise sur la terre. Lorsque tu quitteras cette vie, satisfaite d'avoir rempli ta condition d'épouse et de mère, ton cœur tressaillera d'espérance.

Suis donc, grande fille intelligente, suis les conseils de la nature, ce sont ceux du bon sens et de la sagesse. Une mère pleine de tendresse et d'amour, de dévouement et de sacrifices, est peut-être sur le point d'achever cette longue et pénible route, dont le terme inconnu se trouve à des distances inconnues. Mais si loin qu'elle soit déjà, cette mère fidèle et vertueuse, voit à l'entrée du chemin qu'elle a parcouru, une fille qu'elle aime. Fille affectionnée et affectueuse ne tourne pas le dos a ta mère qui t'appelle; ne condamne pas ses vertus, ne forfais pas au grand devoir ni à l'insigne honneur de la maternité.

Mais diront certains doctrinaires, la jeune fille n'est donc qu'une épouse, une mère future, élevée exclusivement pour un mari et des enfants? Elle n'a donc aucune existence propre, aucune individualité? Je réponds à ces doctrinaires que les titres d'épouse et de mère ne font que consacrer cette existence propre et cette individualité; car l'épouse, comme la mère, est encore plus responsable de ses fautes que lorsqu'elle était fille; de même que les qualités de l'une et de l'autre deviennent plus vertueuses et plus méritoires.

Toutefois, je ne prétends pas suivre dans leurs exagérations quelques philosophes, d'ailleurs, remarquables, et je n'oserais dire, avec Rousseau, que les femmes n'ont rien en dehors de leur mari ou de leurs enfants. J'ai une plus grande idée de la nature féminine, je crois avec raison que les femmes, même en dehors de leur condition naturelle, sont capables de s'élever à un certain niveau d'intelligence et de travail. Autrement la nature serait plus que marâtre à l'égard de celles qui ne peuvent faire ni des épouses ni des mères.

L'existence humaine est remplie d'exigences, d'infortunes et de dévouements nécessaires. C'est une santé trop débile, c'est une infidélité mortelle, c'est un besoin supérieur de la famille, qui oblige la fille de rester fille, que dis-je, de rester femme, puisqu'elle porte toujours le nom vénéré de sa famille; puisqu'elle est toujours citoyenne par le cœur, citoyenne par les services.

Alors le célibat est un vrai sacrifice, c'est le martyre ou l'héroïsme.

Il y a donc des femmes obligées par la trop grande faiblesse des forces physiques, obligées par le malheur, obligées par les besoins urgents de la famille, de sacrifier leur grande mission et de vivre célibataires. Bien que ce nombre soit très restreint, il oblige, avant de passer à la condition vraiment humaine et sociale des femmes, de parler des qualités qui conviennent également aux célibataires, aux épouses et aux mères, d'annoncer leurs devoirs et de proclamer leurs droits.

La plus précieuse de ces qualités, la plus morale est l'amour du travail. Tous les êtres humains sont nés pour travailler, comme les oiseaux pour voler. A l'homme sont destinés les travaux pénibles et laborieux, à la femme les soins de la cuisine, du ménage et de la famille; à l'homme, le marteau et l'épée, à la femme, le ciseau et l'aiguille. Pour l'un comme pour l'autre l'obligation naturelle du travail en fait un devoir, et la nature un plaisir.

Que les femmes soient dans une condition élevée, ou qu'elles appartiennent à cette classe intéressante qu'on appelle la classe ouvrière, le travail est pour toutes le développement des forces physiques et de l'intelligence. Tous les travaux ayant leur noblesse, leur grandeur, aucun, quelque simple, quelque modeste qu'il soit, n'est humiliant, à moins qu'il ne soit inspiré par des sentiments serviles ou mercenaires; car son utilité comme ses services en relèvent le caractère et lui assurent un immense mérite.

De plus, les inclinations ainsi que les tendances naturelles disposant d'abord facilement les femmes à des futilités oiseuses, à des distractions trop légères ou coupables, les entraînant ensuite fatalement à ces nombreux désordres qui remplacent les occupations utiles ou nécessaires, il est important de prévenir ces inclinations et ces tendances, par un travail agréable, qui soit en rapport de la nature et des forces féminines.

Rien, en effet, ne produit sur le caractère et les mœurs de la femme une influence plus démoralisatrice que l'oisiveté. Que l'on considère les femmes qui sont abandonnées à cette plaie sociale comme les femmes des Arabes et des Maures. Continuellement enfermées, elles ne savent rien, ne font rien. Leur moralité disparait avec l'étroite prison qui les renferme; car sitôt qu'elles peuvent se dérober à leur captivité habituelle, persuadées que leur rôle unique est de faire des enfants, elles s'empressent de s'offrir, ou tout au moins de se prêter très docilement aux désirs du premier venu.

Du reste, toutes les femmes, filles, épouses ou mères sont conviées à tous les avantages ainsi qu'à tous les honneurs de la société; elles doivent donc, dans la mesure de leurs forces, contribuer à certains travaux, il faut qu'elles se trouvent quelquefois à la peine.

J'ai déjà dit que les femmes devaient partout, par leurs conseils, par des actions dans leurs attributions, contribuer au perfectionnement de la famille, aux progrès de la société. Or, comment pourraient-elles accomplir cette grande œuvre sans employer leurs deux mains si habiles et toute leur activité si industrieuse? Comment pourraient-elles prétendre à l'égalité naturelle, si, cessant d'être laborieuses, elles renonçaient par l'oisiveté à la solidarité humaine, qui existe entre tous les membres d'une famille, entre toutes les familles de la société?

Sans travail, plus d'aisance, plus de moralité, plus de remède efficace, contre les agitations nerveuses, les frivolités, l'ennui, si préjudiciable aux femmes, les revers préparés ou inattendus, les espérances déçues; plus de bonheur, plus de joie, plus de santé.

Que les femmes soient riches ou pauvres, instruites

ou ignorantes, puissantes ou faibles, filles, épouses ou mères, le travail leur est indispensable ; car il ne faut pas se le dissimuler, les positions les plus heureuses, les ménages les plus unis présentent des difficultés et des tracasseries, endurent des peines et des souffrances : il n'est pas un jour, si serein, si pur, qui ne voit quelque nuage ou ne subisse quelque orage.

D'ailleurs, le tempérament des femmes fréquemment assailli par des émotions sensitives, se laisse facilement aller à des chagrins quelquefois excessifs, pour des bagatelles, pour des riens, qui absorbent toutes leurs pensées, aigrissent leur caractère, abattent leur courage, vicient même leurs sentiments et les font souffrir cruellement.

Or, pour faire diversion aux tracas innombrables qui surviennent à chaque pas, un travail facile, aisé et presque continuel en est seul capable. Prévenant les difficultés, tempérant les souffrances, calmant les émotions, adoucissant les chagrins, relevant le caractère, ranimant le courage, remplissant ces nombreux instants de loisirs dangereux et de langueur mortelle, il apporte, en outre, au foyer comme au ménage, cette aisance qui pourvoit abondamment aux besoins de la vie.

Oui le travail est salutaire aux santés féminines toujours plus éprouvées par les agitations intérieures que par les mouvements extérieurs. En fatiguant les membres, il repose l'âme, calme l'esprit, ferme toutes les portes de la maison à la trop vive et trop sensible imagination des femmes ! précieux avantage qui, en lassant le corps, rend moins lourd et moins pénible le fardeau et le chemin de l'existence humaine.

Mais si je regarde le travail comme indispensable à toutes les femmes, je ne prétends pas leur imposer de pénibles occupations. La femme n'est pas faite pour bêcher ni pour labourer, pas plus que pour diriger la scie ou soulever le marteau. « L'aiguille et l'épée, dit » Rousseau, ne sauraient être maniées par les mêmes » mains. »

Il faut donc que les occupations des femmes soient conformes à leur nature, à leurs forces, à leurs goûts, à leurs dispositions, comme les soins du ménage, la couture, la broderie, la confection des vêtements, la vente des marchandises fines et légères ; tandis que les hommes, doués de l'intelligence et de la force ne doivent jamais ravir aux femmes ces occupations honorables pour elles, mais humiliantes pour eux.

C'est honteux, en effet, de voir les femmes, généralement d'une faible constitution, s'escrimer aux pénibles travaux de la campagne et succomber, pour ainsi dire, à la tâche sur le bord d'un sillon ou d'un fossé, pendant que des mains athlétiques *faites pour souffler la forge et frapper sur l'enclume* s'occupent de dentelles ou de parures, envahissent les occupations les plus minutieuses de la vie humaine, vendent des pompons, des rubans ou des chenilles. C'est scandaleux de voir des bras herculéens travailler eux-mêmes lentement ou par intervalle, et laisser constamment à la pelle, même à la pioche, leurs filles et leurs femmes de qui dépendent pourtant la multiplicité et la santé de toute l'espèce humaine ; tandis qu'ils prennent ou font prendre un soin presque respectueux des animaux qu'ils élèvent ou qu'ils nourrissent pour produire. Heureuses encore lorsque leurs filles ou leurs femmes ne sont pas chargées de ce soin barbare pour leur nature.

Aussi de même que les femmes ne doivent pas consumer inutilement leur temps à s'habiller, à manger, à dormir, en un mot, à ne rien faire, l'indolente oisiveté étant nécessairement pour elles une méchante conseillère, de même elles ne doivent pas consumer leur santé, en suivant la charrue ou en faisant la litière des animaux. Mais je le répète, au nom du bien-être, au nom de la morale, toutes les femmes doivent se livrer à quelque occupation utile ou tout au moins agréable.

Qu'on n'objecte pas à cette doctrine si honnête la fortune et le rang. Les distinctions n'honorent que les personnes qui remplissent généreusement leur condition naturelle. Du reste, si les occupations manuelles paraissent trop vulgaires à certaines femmes, il y a pour celles qui sont douées de la fortune un champ vaste et glorieux, le champ de la bienfaisance ou de la charité.

A moins de méconnaître la véritable grandeur, que ces femmes privilégiées du sort ou de la nature sachent que c'est au sein de la misère humaine qu'il convient de placer leur bonheur, en se faisant ouvrir la porte de l'indigence, afin de porter secours à des enfants délaissés, à des épouses infortunées, à des mères désolées, à toutes les souffrances honteuses ou cachées. Avec le mérite du sacrifice, du dévouement, de l'abnégation, de quel respect les bienfaitrices ne sont-elles pas environnées ! de quelle influence ne sont-elles pas favorisées ! de quelle autorité ne sont-elles pas investies !

C'est alors qu'elles sont de vraies femmes, jouissant de leur bonheur personnel, en pratiquant la bienfaisance humaine. Quel magnifique élan, en effet, peuvent donner les femmes à cette inclination naturelle, qui nous porte à soulager la souffrance. Car le malheur éveille naturellement chez elles la pitié généreuse, ainsi que le désir d'adoucir les peines et de soulager l'infortune ; et c'est dans le cœur des femmes que la source des libéralités pour les pauvres est la plus féconde, la plus constante, la plus fidèle.

O source divinement humaine, puisses-tu être toujours intarissable ! Puisses-tu couler continuellement dans les asiles pour consoler les infirmes et les vieillards, dans les hospices pour guérir les malades, ou tout au moins adoucir leurs cruelles souffrances, dans les temples pour inspirer aux âmes qui prient les sentiments de la fraternité, dans la grande famille humaine pour nous faire aimer les uns les autres, et pour nous faire entr'aider. Puisses-tu couler partout sans distinction de race, de nationalité et de religion. Va, source divine, va humecter la langue desséchée du travailleur indigent, mourant de fatigue pour ses enfants qui lui demandent du pain. Arrose le lin et le chanvre, fais-le pousser vigoureusement ; les ouvrières bienfaisantes le cueilleront, le fileront, et confectionneront des vêtements pour les malheureux qui souffrent.

Lorsque j'ai traité l'éducation des filles, j'ai montré qu'elles devaient acquérir une instruction aussi étendue que possible, et former leur jugement à la hauteur de leur savoir, afin d'être un jour des femmes prêtes à tout, aptes à remplir dignement leur grand rôle d'épouse et de mère, capables de contribuer efficacement à la civilisation.

Or, il existe une relation intime entre la charité et le progrès, entre la bienfaisance et l'intelligence. Les sociétés ne se fondent pas seulement avec des lois, sans doute nécessaires et indispensables, mais elles s'établissent encore plus solidement par les vertus morales, et deviennent plus prospères par l'affection fraternelle.

Tous les Etats civilisés l'ont compris et ont fondé des asiles et des hospices publics, où se retirent les infirmes, les vieillards et les indigents. Malheureusement les largesses publiques, quelque fréquentes, quelque abondantes qu'elles soient, ne peuvent suppléer aux sentiments d'honnêteté et de moralité qui président à la charité privée. La charité individuelle l'emporte sur la bienfaisance publique, elle est plus humaine, plus intime, plus efficace.

La bienfaisance publique, en effet, engendre souvent des vices déplorables, nourrissant l'oisiveté, encourageant la servilité, inspirant la bassesse, excitant l'avidité et favorisant l'ambition. Tandis que la charité privée sème toujours l'amour et la reconnaissance, exerçant une plus grande influence sur le moral des malades qui sentent l'affection de leurs semblables, et sur l'esprit des pauvres, obligés de reconnaître le bienfait; ses remèdes sont plus salutaires, sa nourriture est plus saine, ses vêtements sont plus chauds.

Plus la bienfaisance publique étend ses libéralités et ses largesses, plus le nombre des pauvres augmente; plus les hospices et les dépôts se multiplient, plus la mendicité infeste les villes et les campagnes. On dirait que les dons officiels sèment l'ingratitude, répandent les exigences, soustrayent au devoir naturel de la reconnaissance le paupérisme, qui grossit audacieusement ses rangs, marche effrontément la tête levée, regardant les secours qu'il reçoit comme un légitime salaire de son oisiveté.

Afin de ne pas sortir de mon sujet, je ne ferai pas l'histoire de cette plaie sociale. Cependant lorsque le flot immoral du vagabondage monte toujours; lorsque ce flot menace d'être désastreux pour les sociétés les plus civilisées, les plus humaines; lorsque la charité privée, qui est entre les mains des femmes, peut seule mettre une digue au torrent grossissant de la mendicité, il est impossible de passer outre, et de ne pas montrer le mal dans sa laideur aux tendres et généreux médecins des pauvres, aux dévouées et fidèles gardiennes des infirmes et des malades, à la partie la plus humaine du genre humain, aux femmes dont je réclame la bienveillante et constante bienfaisance, plus puissante par ses moyens, plus efficace par ses exemples que la charité publique. Car la valeur, comme le mérite d'un bienfait quelconque, dépend principalement de l'intention ou de la liberté personnelle.

Si le riche exerce ou pratique la bienfaisance par force, il l'exerce et la pratique avec répugnance. Le pauvre regarde la générosité forcée du riche comme un droit acquis, méconnait ses bienfaiteurs, déverse même sur eux les injures les plus sanglantes et les plus outrageantes. Au lieu de reconnaître la faveur des services, il prétend bientôt, dans ses exigences toujours croissantes, posséder sur les droits publics, un droit aussi naturel que celui du propriétaire sur les revenus de ses domaines.

La Convention toujours grande, toujours humaine, comprit cet abus et ce désordre. Aussi, le jour qu'elle décréta l'obligation du travail pour tous les indigents valides, ordonna-t-elle pour les indigents invalides, la distribution des secours seulement au lieu de leur naissance ou dans leur domicile reconnu légal. C'était se rapprocher de la charité privée.

Aujourd'hui les nations, surtout les nations civilisées, sentent et subissent pourtant toutes la plaie du paupérisme ; elles sont tellement envahies par son oisive contagion, qu'on pourrait se demander si la charité officielle, n'est pas souvent un abus public, un désordre social.

En Angleterre où l'inégalité de la fortune produit la misère la plus abjecte, les débordements de l'oisiveté sont immenses. La taxe des pauvres augmente tellement la foule des mendiants, que des millions d'hectares de bruyères ou de marais attendent des bras pour les fertiliser ou pour les dessécher.

En Hollande, malgré une société de bienfaisance fondée par vingt mille souscripteurs pour éteindre la mendicité et le vagabondage ; malgré l'établissement d'une infinité de colonies créées pour recueillir les indigents valides, afin de les employer au défrichement d'immenses terrains incultes, le paupérisme augmente progressivement, pendant que le vagabondage prend des proportions effrayantes.

Si nous traversons l'Atlantique, si nous pénétrons dans cette vaste et fertile contrée dont la prodigieuse activité agricole, industrielle et commerciale, fait l'étonnement du monde entier ; nous voyons que les Etats-Unis n'ont pas encore pu secouer le funeste héritage de leur ancienne métropole, nous y voyons les pauvres pulluler, les ouvriers souvent réduits à une extrême indigence ; des vagabonds de toutes les nationalités, des repris de justice, errer dans les villes et les campagnes, envahir les nombreuses maisons de bienfaisance publique, ne les quitter que pour mieux continuer leur oisiveté vagabonde et leurs rapines, avec l'espoir honteux de revenir réclamer les secours publics.

N'est-il pas surprenant que le gouvernement de cette grande République, modèle de force et d'énergie, qui a su régler le sort des noirs émancipés, qui a fait rentrer dans le droit commun les Etats rebelles, qui a rétabli la prospérité et cimenté la paix entre des adversaires irréconciliables, animés d'une fierté indépendante et audacieuse, subisse encore l'état permanent de l'indigence oisive et vagabonde ? On dirait même que ses nombreuses fondations d'hôpitaux, d'hospices, de dépôts de mendicité ont rendu incurable cette plaie désastreuse, en favorisant trop l'oisiveté coupable, en semant le découragement parmi les indigents laborieux, qui pourraient tous trouver généreusement leur subsistance dans le sol privilégié de la grande patrie.

Enfin, regardons notre chère France, ce pays de grandeur généreuse et désintéressée, où les étrangers eux-mêmes reçoivent l'hospitalité la plus sympathique, cette grande et vaillante République qui répand gratuitement l'instruction populaire, favorise l'épargne, encourage le travail, confie les charges et les emplois, seulement à la valeur réelle, au mérite personnel, invite ses fonctionnaires à verser à flots la bienfaisance intellectuelle et matérielle, entretient un nombre immense d'hospices et de dépôts, aux frais du trésor public, recueille les enfants trouvés ou abandonnés, et les orphelins, les élève jusqu'à l'âge de douze ans, fonde de nombreuses colonies, où les enfants pauvres reçoivent une éducation principalement agricole, pour les mettre ensuite à la pioche ou à la charrue.

Eh bien ! sous ce ciel éminemment humain et social, où se multiplient les moyens d'encouragement et de soulagement ; en pleine atmosphère de la vraie liberté, de la vraie égalité, de la vraie fraternité, en pleine prospérité matérielle, le nombre des pauvres s'accroît ; les indigents fuient les hospices et les dépôts de mendicité, remplissent nos campagnes, frappent insolemment aux portes des cultivateurs et des artisans, pénètrent dans les hameaux, dans les villages, malgré l'interdiction écrite qu'ils lisent encore ironiquement ; car la plupart des pauvres de la France savent déjà lire, et bientôt tous les indigents sauront lire, écrire et compter.

Quelle puissance plus qu'une puissance aimante, quelle autorité plus qu'une autorité persuasive, peut opposer une digue humaine, un remède efficace à ce torrent contagieux ? Qui, plus que la femme, dont l'âme est tout amour, symbole vivant et perpétuel de la fraternité, est plus apte et mieux disposé à cicatriser cette plaie gangréneuse ?

Plus patientes, en effet, plus douces, plus humaines que les hommes, animées d'une compassion plus sentimentale, douées de manières plus amicales, enrichies de qualités plus pratiques, les femmes ont un pouvoir naturel sur l'âme du malade, sur le cœur de l'infirme et sur la volonté de l'indigent ; leur influence est presque absolue sur l'enfance, dont elles sont les premières éducatrices.

Après les désastres de 1870, qui infligèrent à la France la plus honteuse des humiliations nationales, la République intelligente comprit que si l'esprit militaire s'était affaibli, si la sève des vieilles générations s'était affadie, la vaillance était toujours l'âme impérissable de notre sang gaulois, et l'honneur le fonds de l'esprit français. L'espérance dans les jeunes générations ranima le courage de la noble blessée et cicatrisa moralement ses plaies encore saignantes. Aussi, tout en réorganisant les forces militaires, le gouvernement républicain a-t-il multiplié les écoles, a-t-il rendu l'instruction primaire gratuite et obligatoire pour tous les enfants de la jeune et vaillante République, afin de préparer dans l'enfance la future grandeur de la patrie.

Or, la moralité d'un peuple a la même source, la même origine que sa grandeur. C'est donc par l'enfance qu'il faut régénérer cette moralité. En rendant les enfants laborieux, on fait des peuples laborieux ; en inspirant aux enfants des sentiments de dignité personnelle, on les soustrait, pour l'avenir, à l'humiliante et honteuse mendicité ; en leur procurant quelques moyens d'exercer un jour une profession capable de pourvoir à leurs besoins ainsi qu'à ceux de leur future famille, on les encourage, on les conserve dans le goût et l'amour du travail.

O femmes douées de la fortune et de l'aisance, propriétaires et fermières, rentières et ouvrières, c'est à vous qu'est réservée la gloire du plus grand bienfait social : nourrir et vêtir le corps des enfants pauvres, pendant que l'État généreux développe leur intelligence, éclaire leur esprit ; les suivre dans leur jeunesse, les secourir, les aider, n'est-ce pas préparer pour la culture ou pour l'atelier, les bras vigoureux, les mains habiles des indigents valides ; n'est-ce pas consoler, soulager, guérir par la charité, comme on attendrit, comme on réconcilie par l'amour.

C'est vous qui formez les hommes en ouvrant sur vos genoux l'intelligence de vos enfants, en leur donnant ces conseils salutaires qui fortifient, élèvent et instruisent. Pourquoi enfermeriez-vous toute votre tendresse, toute votre générosité, tout votre amour dans le sanctuaire de la famille ? craindriez-vous, en franchissant le seuil de ce temple auguste, de mettre le pied sur un sol étranger ?

Mais les indigents sont tous vos frères. La même terre qui les nourrit vous nourrit, la même terre qui les ensevelira vous ensevelira. Refuser les secours à l'indigence serait donc outrager l'humanité.

Lorsque autrefois la fortune inhumaine ou la puissance brutale retenait des millions d'êtres, pourtant tous faits à la ressemblance de leurs tyrans, dans une misérable abjection, les orgueilleux oppresseurs s'abaissaient, ils se dégradaient eux-mêmes par une participation contagieuse aux cruels tourments qu'ils leur faisaient subir comme aux vices déshonorants dans lesquels ils laissaient plongée leur misérable existence. Aujourd'hui que le souffle de la liberté anime et vivifie toutes les couches sociales, ne pas secourir l'indigence, c'est devenir indirectement les complices des fautes ou des vices qu'entraine après elle l'oisive pauvreté.

Filles, épouses et mères, prenez fièrement le drapeau de la bienfaisance, c'est le vôtre, puisque c'est celui de l'amour et de la fraternité. Faites-le flotter aux portiques des hôpitaux et des hospices, portez-le dans les chaumières les plus obscures, à l'atelier le plus humble. Alors, réconciliant l'indigence avec la fortune, purifiant la société, vous serez réellement les missionnaires, vous deviendrez les apôtres de la charité et du travail, deux sources par excellence de la moralité et de la prospérité des peuples.

Encore pour remplir une mission aussi sublime, ne suffit-il pas de se livrer matériellement à des occupations conformes à la nature et au tempéramment, de tendre matériellement la main à l'indigence, de vêtir matériellement les enfants pauvres, de ramener matériellement au travail la vagabonde oisiveté.

Gagner sa vie par son propre travail, économiser sur ce travail, faire servir ces économies aux besoins de l'indigence, consacrer ses propres richesses à des œuvres humaines et civilisatrices ; pourvoir avec sa propre fortune aux nécessités les plus pressantes des pauvres et des ouvriers, sont des qualités trop précieuses, pour ne pas exiger dans leur exercice d'autres qualités vertueuses, qui sont indispensables pour compléter, dans les travaux comme dans les œuvres de bienfaisance, le bonheur et le mérite des femmes.

Que les travaux, en effet, revêtent les caractères de la simplicité ou de la grandeur ; que la bienfaisance s'adresse à la pauvreté honteuse ou à l'indigence publique, les convenances prescrivent aux femmes les voies droites et sincères ; la délicatesse leur défend l'ombre de la plus légère indélicatesse, car tous leurs actes de charité sont plus efficaces lorsqu'ils portent le sceau d'une bienveillance affectueuse, d'un désintéressement vertueux : on est d'autant plus exigeant pour la loyauté des femmes, qu'elles sont naturellement adroites ou qu'elles savent facilement se déguiser ; si l'on réclame d'elles la bienveillance et le désintéressement, c'est parce que les charmes du dévouement, le mérite de l'abnégation donnent de la valeur à l'amour ainsi qu'à la fraternité.

Dans leurs occupations comme dans leurs fonctions, lorsque les femmes sont honnêtes, aimables et sages, elles commandent pour elles-mêmes un respect général, et si, dans l'exercice de la charité, elles sont douces, modestes et prévenantes, leur empire est souverain.

L'honnêteté a toujours fait la gloire des femmes ; l'amabilité a toujours été le coloris, et la sagesse la gardienne de leurs plus brillantes qualités ; la douceur est leur arme la plus puissante ; la modestie, qui est le vrai sentiment du bien, donne à tous leurs actes une expression bienséante, car si on loue cette beauté morale dans le talent, on l'applaudit dans les grâces ; si on la vante dans la gloire, on la glorifie dans les charmes. On se plait surtout à entendre des paroles affectueuses sortir de la bouche aimable des femmes ; on aime voir en elles des demi-sourires, non pas ceux de la séduction qui sont un poison subtil même pour le cœur honnête et fidèle, mais ces demi-sourires, empreints d'une agréable amabilité, dominant par leur puissance les esprits sans les captiver.

On aime à voir les femmes réservées dans leurs paroles et s'appliquer d'autant plus à cette réserve, que naturalement agitées, fréquemment énervées, elles se laissent facilement aller à une abondance excessive d'expressions. Bien que cette abondance naturelle à la nature féminine mérite une indulgence sympathique, elle n'en engendre pas moins un langage superflu. déguise les sentiments, enfreint les lois élémentaires de la discrétion, se répand trop souvent en discours oiseux ou dissimulés. Aussi importe-t-il beaucoup aux femmes de suivre les conseils du sage prescrivant de dire beaucoup en peu de mots, et quelquefois d'écouter seulement.

Enfin, l'économie appartient spécialement au gouvernement domestique ; cette fidèle sauvegarde de l'aisance et du bien-être convient à toutes les femmes, aux ouvrières pour se suffire, aux rentières pour verser plus abondamment leurs largesses dans le sein de l'indigence et de la souffrance. En retranchant les dépenses superflues, les unes mettent en réserve une partie de leur salaire, qui devient tôt ou tard plus précieuse que n'était précieux le salaire lui-même ; les autres subviennent plus facilement et plus généreusement aux nécessités des malheureux, donnant plus gaiement, donnant davantage. De plus, l'économie est l'avant-garde constante de la simplicité, qualité admirable qui ennoblit toutes les actions des femmes.

Que celles-ci n'affaiblissent donc pas leurs dons si aimables et si puissants par des airs prétentieux ou hautains ; qu'elles ne changent pas leur voix si agréable quand elle est pure ! qu'elles ne composent pas leur démarche si élégante quand elle est naturelle ! qu'elles ne se laissent pas égarer par ce violent désir de plaire qui enivre leur âme, et, tout en les écoutant, qu'elles n'acceptent pas ces funestes louanges que les flatteurs malfaisants se plaisent à prodiguer à la beauté féminine ! Qu'elles se gardent surtout de tremper leurs lèvres dans la coupe empoisonnée de l'adulation !

Laisser faire la nature, ne jamais se révolter contre elle ; suivre respectueusement le courant des choses humaines sans chercher à lui opposer une digue qui se rompt tôt ou tard, entraînant dans le gouffre du vice et du malheur les vertus trop innocentes ; pratiquer poliment les usages et les habitudes de la société sans jamais les repousser ou les dédaigner, car, dit Pascal, qui veut faire l'ange fait la bête ; imprimer aux paroles, aux gestes, aux regards, le caractère si aimable, si agréable de la douceur et de la bienveillance ; montrer en tout l'aisance et le bon ton ; ne jamais séparer l'amabilité de l'honnêteté, la politesse de la décence ; c'est là tout le secret du bonheur, de la puissance et de la vertu des des femmes.

Ce secret, manifeste aujourd'hui, était, hier, évident. Paul Lacroix raconte qu'un seigneur angevin, nommé Geoffroy de Latour Landry, donnait à ses belles-filles les conseils suivants : « Mes belles-filles, soyez courtoises et humbles, car rien n'est plus beau, rien n'attire plus à soi la grâce de Dieu et l'amour de chacun. Montrez-vous donc courtoises à l'égard des grands et des petits, parlez doucement avec eux... J'ai vu une grande dame ôter son chaperon et saluer un simple taillandier. Quelqu'un de sa compagnie s'en étonna. Je préfère, dit-elle, avoir été trop courtoise à l'égard de cet homme que d'avoir commis la moindre impolitesse envers un chevalier. »

Cependant les femmes ne peuvent toujours lutter de générosité, d'honneur et de probité. La beauté a sa valeur, les charmes ont leur prix, la nature a ses goûts, ses inclinations, ses plaisirs. Si nous aimons à goûter les fruits d'un arbre, ces fruits sont d'autant plus suaves, que les fleurs dont il sont nés ont été plus fraiches et plus brillantes. La vie des femmes ne peut donc, même dans ce qu'elle a de plus grand, dans ce qu'elle pratique de plus solennel, exclure la mode et les ajustements.

Sans doute il ne faut pas souhaiter pour les femmes, des modes démesurément originales ou somptueuses, des ajustements superflus, des parures trop recherchées ; car l'élégance dans la beauté n'est une source honnête et féconde des grâces et des charmes que lorsqu'elle est gracieusement convenable, lorsqu'elle est conforme à la fortune, aux fonctions, à la situation des femmes.

Mais les modes sont tellement naturelles aux femmes que les costumes ont de tout temps varié selon la forme, la couleur et l'étoffe. Dans l'antiquité, la Grèce seule a paru faire exception, parce que les femmes grecques étaient perpétuellement cloîtrées pendant le jour dans le gynécée. Aujourd'hui les femmes orientales, enfermées dans les harems, sont les seules qui restent étrangères aux différentes formes des vêtements et des ajustements: Ce n'est pas à l'ombre d'un bâtiment séparé même de l'habitation des hommes, ou dans un appartement spécial gardé par des eunuques qu'on peut connaître et aimer les variations des modes.

Ces rares exceptions sont une confirmation de l'intérêt que les femmes ont toujours porté et portent encore aux différents caprices de la mode, revêtant, du reste, malgré ses légèretés un caractère d'importance en augmentant les branches du commerce qui ne peut que gagner aux changements ainsi qu'aux variations des coutumes et des étoffes.

Or, tous les intérêts matériels contribuent au perfectionnement de l'œuvre éminemment morale du bien-être physique. Si des esprits élevés paraissent les dédaigner, ces esprits méconnaissent l'humanité, ignorent leurs propres besoins et leurs appétits naturels qu'ils aiment pourtant bien à satisfaire; car, rendre la société moins malheureuse c'est la faire meilleure, augmenter le bonheur des femmes c'est les rendre plus laborieuses et plus justes

Les modes ont donc leur utilité et leurs avantages. Lorsqu'elles ne rompent pas avec les convenances, lorsqu'elles ne s'insurgent pas contre la vie honnête, elles deviennent les inspiratrices des belles manières, alimentent la source des distractions dispendieuses, il est vrai, mais en même temps fructueuses.

Aussi, malgré notre répugnance pour la coquetterie, privilège des femmes du petit monde, ou des courtisanes, pouvons-nous, même au nom de la moralité, nous déclarer les amis des modes qui portent le cachet de la propreté, de l'élégance et de la beauté.

Peu importent les formes et les couleurs ! Que les robes soient à manches larges, fendues, pendantes jusqu'à terre, et démesurément trainantes, ou bien que les robes soient très courtes, les manches lacées étroitement, et que les manteaux descendent à peine jusqu'au milieu du corps. Que le lourd chaperon couvre la tête, ou qu'il soit sacrifié pour être remplacé par la coiffure plus légère des cheveux frisés en boucles, de perles brillantes et de pierreries éclatantes ! Que les femmes reviennent aux modes antiques ou qu'elles se plaisent toujours dans de nouvelles, simples ou somptueuses ; que les femmes encore abdiquent même d'anciens ridicules pour se vêtir de nouveautés extraordinaires ! Dans tous ces changements, l'œil honnête ne voit rien que la saine morale puisse réprouver, la froide raison sait y trouver un aliment précieux pour certains tempéraments, que le goût de l'élégance contient et maintient dans l'étroit sentier du bonheur.

Bien plus, les modes sont l'honneur et la gloire des femmes françaises dont le génie délicat a doté notre grand pays des ornements les plus éclatants, des ajustements les plus brillants et des formes les plus élégantes. C'est aux femmes, en effet, que nous devons notre fierté, d'être le premier peuple dans le goût, dans la beauté des parures et des confections.

Or, comment pourrions-nous conserver cette primauté, dans les ornements, dans les ajustements, dans les formes, dans le goût, dans le beau, sans cultiver le terrain des modes ; sans perfectionner ces modes qui sont la source et le courant perpétuel de tant de beautés merveilleuses qui nous honorent ?

Les peuples rivaux et jaloux de la fabrication française, n'ont jamais pu nous ravir la supériorité du goût et du beau ; nos broderies vont jusqu'en Amérique étonner les plus habiles fabricants des Etats-Unis. Serait-il donc permis d'oublier une gloire nationale, et de payer d'ingratitude les femmes françaises, en méconnaissant les modes, en sacrifiant tant d'inventions gracieuses, tant de beautés ravissantes, dont nous avons d'autant plus le droit d'être fiers, qu'elles appartiennent à la partie la plus intéressante, la plus charmante de notre nation ? Ne faut-il pas, au contraire, encourager nos modes afin d'empêcher aux allemandes ou aux anglaises, si jalouses, de payer un juste tribut aux femmes françaises, de conquérir cette supériorité aux dépens de nos habiles travailleuses, de nos artistes inventives, dont le monde entier admire les rubans façonnés, les soies brochées, les broderies d'argent et d'or ? Méconnaître la lumière des femmes, c'est se priver d'un auxiliaire considérable ; mais, livrer à l'étranger leurs légitimes conquêtes, ce serait forfaire à l'honneur, à la gloire du goût et du beau.

Nous voici presque arrivés au deux grandes époques de la vie des femmes. Mais avant de pénétrer dans l'auguste et vénérable enceinte du ménage ; avant d'entrer dans le sanctuaire sacré de la famille ; avant de parler de l'épouse et de la mère, il importe, puisque j'ai indiqué les devoirs naturels des femmes en général, de publier les droits que peuvent revendiquer toutes les femmes.

Nous avons vu que des infirmités, des sacrifices, des dévouements obligeaient certaines femmes au martyre du célibat. Or, ces femmes ont une existence propre, une situation particulière, un foyer. Souvent dignes d'intérêt, souvent admirables par leurs vertus, souvent respectables par leurs sacrifices, souvent précieuses par leur dévouement, toujours livrées à leur propres faiblesses, abandonnées à leurs propres ressources, sans soutien et sans force, comme sans guide et sans pilote, martyres obscures, ou martyres éclatantes, seules responsables de leurs personnes, seules directrices de leurs actions, elles doivent connaître les usages, les habitudes et les mœurs, qui les intéressent ou les concernent, ainsi que les lois qui les régissent.

On peut remarquer que généralement dans la famille, comme dans la société, les lois iniques ont toujours frappé les êtres les plus touchants, les plus intéressants, les plus laborieux ; que ces mêmes êtres sans défense, et sans armes, mais forts de leurs droits naturels, ont, par leur patience, par leur silence même, renversé les lois inhumaines et se sont placés d'eux-mêmes au même rang que leurs oppresseurs.

Rien de plus merveilleux que ce lent et long, mais constant et fidèle progrès des mœurs et des lois, qui a tiré la femme de l'état le plus abject, de l'esclavage le plus humiliant, afin d'en faire l'égale de l'homme.

Aujourd'hui la fille hérite comme un garçon ; le frère et la sœur sont égaux devant la succession paternelle ; le neveu et la nièce ont les mêmes droits naturels sur un héritage commun. Le caractère de la loi est tellement imprimé dans le sang, dans le cœur et dans l'âme de la famille, que les législations sont presque unanimes à reconnaitre cette égalité, d'autant plus légitime et nécessaire, qu'elle est inhérente à la nature humaine, et intimement liée à l'amitié fraternelle.

Dans la famille, en effet, ainsi que dans la société, repousser l'égalité naturelle, pratiquer l'inégalité au détriment d'êtres parfaitement semblables ; abaisser les uns, exalter les autres, c'est répandre l'injustice, c'est semer la jalousie, la désunion et souvent la discorde ;

c'est briser les liens augustes de la fraternité; c'est rompre l'amitié la plus tendre; c'est anéantir toutes les affections, tous les sentiments qui honorent la famille, c'est pousser un frère à l'oppression d'une sœur.

Et cependant, qu'une sœur est aimable, qu'elle est charmante dans la famille! Quel trésor d'affection et d'amour pour les siens! Quel océan de douceur, de tendresse et de dévouement pour un frère qu'elle aime! On voit la jalousie diviser deux sœurs, l'intérêt séparer deux frères, mais on voit rarement désunis un frère et une sœur. Le frère, fier de sa supériorité naturelle, s'honore des services paternels qu'il rend à sa sœur; celle-ci tout heureuse regarde son frère comme son conseiller, son chef et son meilleur ami.

Pourquoi donc autrefois des coutumes inhumaines, des lois barbares avaient-elles envahi la famille, et défendaient-elles aux filles de partager l'héritage paternel? Que de pères ont dû protester secrètement contre ces lois impies! Que de mères ont dû gémir et pleurer sur le sort déplorable de leurs filles infortunées! Avoir la même amitié, le même intérêt, et ne pouvoir témoigner la même affection, exercer la même justice!.. Un père déshériter une fille soignant son père dans la maladie, demeurant constamment au chevet de l'adorable mourant! Quelle action cruelle et désolante! O exécrable législation qui détournait la générosité paternelle de la piété filiale, de cette aimable et charmante fille, qui n'aspirait pourtant qu'à être l'ange de la famille! Que se passait-il particulièrement dans notre chère France avant l'immortelle Révolution, purificatrice des souillures sociales, régénératrice des grandes vertus humaines? La corruption générale siégeait impudente dans tous les donjons, les palais et les châteaux; l'immoralité et la débauche marchaient effrontément dans toutes les cours féodales; les hautes classes, qu'on appelait les dirigeantes de la société, étaient toutes couvertes d'ulcères incurables; elles ne pouvaient plus éclairer la lampe de la justice qu'elles avaient éteinte. Au lieu d'être un sanctuaire pour les filles, la famille n'était plus qu'un tribunal inique, où le père se montrait pour le symbole charmant de la douceur et de l'amitié, un juge impitoyable, où le frère était un bourreau spoliateur. Seules la classe ouvrière et la population agricole étaient demeurées intactes au milieu de ce chaos immoral. Seuls les roturiers, les manants aimaient, traitaient également tous leurs enfants : La vertu du travail avait conservé les vertus de la famille.

En remontant à la féodalité toute-puissante, les usages de la famille étaient encore plus barbares. Non seulement les filles étaient sacrifiées aux garçons, qui abdiquaient eux-mêmes une partie de leurs droits en faveur de l'aîné; mais elles étaient privées de tout héritage, lorsqu'elles se laissaient aller à la séduction; sous prétexte de pénitence, on les enfermait dans les cloîtres, qui se rendaient ainsi complices de la perfidie; on les obligeait à maudire leur propre famille. L'orgueilleuse passion du pouvoir et la jalouse ambition de la primauté allaient jusqu'à décider des frères à vendre leurs propres sœurs, en les livrant à de perfides séducteurs, afin de s'emparer, par cet odieux moyen, de tout leur héritage.

On parle avec horreur de la brutalité et de la férocité des seigneurs; l'histoire impartiale nous montre dans leurs provinces, une anarchie perpétuelle, des violences continuelles, des guerres fréquentes et sanglantes, décimant l'innocente et laborieuse population des campagnes ; mais tous ces forfaits disparaissent devant les outrages faits à la famille en la personne des filles.

Pourquoi le catholicisme qui a eu la gloire immense d'émanciper les femmes, a-t-il pu garder sur ces institutions iniques un silence coupable et déshonorant ? A cette époque, il était tout-puissant pour acquérir pour lui-même ; pourquoi sa toute-puissance s'est-elle arrêtée à ses propres intérêts, à sa propre fortune ? pourquoi a-t-il abandonné à de sordides bourreaux, les intéressantes victimes, qu'il avait pourtant arrachées à l'abjection, à l'esclavage ? L'histoire doit lui en tenir un compte sévère ; car alors la loi des successions était moins morale que celle de Manou, qui exige au moins, que l'héritier universel de la famille, soit éminemment vertueux.

Mais la nature triomphe tôt ou tard de la tyrannie, il arrive toujours un temps, où l'heure de la justice sonne pour confondre le vice et réhabiliter la vertu.

La voix équitable de la Révolution parle et triomphe au nom de la moralité ; elle se rit des oppresseurs et des tyrans, qui osent encore crier à l'injustice, parce qu'ils ne peuvent plus opprimer ni tyranniser. Plus de tyrans, plus de serfs, émancipation complète, égalité absolue ; toutes les iniquités tombent au pied du drapeau de l'égalité, de la liberté et de la fraternité.

En même temps qu'elle délivre les femmes de l'incapacité juridique, la Constituante fait cesser les substitutions, les renonciations anticipées des filles à leurs droits héréditaires, brise les chaînes inhumaines, que tenaient les enfants mâles et surtout les aînés, supprime les droits d'aînesse et de masculinité, proclame les sœurs, jusqu'alors déshéritées, les égales des frères ; inscrit dans le droit commun que les enfants d'une même famille ont les mêmes droits à toutes les successions qui reviennent à cette famille, abolit, en un mot, tous les privilèges, déclarant les libertés toutes sœurs.

La Convention complète l'œuvre de l'Assemblée constituante ; le code civil consacre cette réforme éminemment humaine et sociale en garantissant les droits des femmes, par l'abolition de l'usage spoliateur des renonciations aux successions futures, par la défense de toutes substitutions, qui pourraient faire revivre entre les frères et les sœurs, les distinctions d'âge et de sexe, les coutumes déplorables de l'orgueilleuse et sordide féodalité.

Depuis cette époque mémorable, la loi civile donne aux femmes libres, aux femmes indépendantes de l'autorité maritale presque autant de pouvoir qu'à l'homme. Si elles sont exclues de la liste des électeurs et des jurés ; si elles ne peuvent faire partie de la classe des éligibles ; si elles ne peuvent remplir les fonctions municipales, les femmes, comme les hommes, achètent, vendent des rentes ou des propriétés, donnent leur patrimoine ou l'engagent, se livrent à l'industrie, au commerce, font citer leurs débiteurs devant les tribunaux, plaident elles-mêmes la cause de leurs intérêts lésés ou de l'honneur offensé. Les veuves ont sur leurs enfants légitimes une puissance aussi étendue que celle des pères ; la surveillance, l'instruction, la garde des enfants leur appartiennent, et, jusqu'à leur majorité, elles jouissent des biens de la famille, donnent ou refusent le consentement au mariage de leur fille ou de leur garçon. En un mot les femmes non mariées disposent aussi librement que les hommes de leur personne et de leurs biens.

CHAPITRE VII.

Mariage.

Nous sommes maintenant à une époque de transition importante pour la destinée des femmes. Plus loin de la fille, plus près de l'épouse, tous nos regards, toutes nos pensées, toutes nos affections, sont tournés vers l'acte décisif et solennel du mariage. En face de cette association éternelle de deux âmes, attirées l'une vers l'autre par l'amour, recueillons-nous, cherchons les moyens de préparer à cette adorable union, une destinée heureuse et féconde.

L'existence humaine a pour tous les êtres humains, sa sérénité et ses nuages, son calme et ses orages, sa lumière et son ombre. La nature, si avare pour l'homme semble être encore plus ingrate pour la femme. Mais le mariage, augmentant les joies, doublant les plaisirs de la femme, en les lui faisant partager avec l'homme, adoucissant ses douleurs et ses peines, par l'abandon qu'il lui permet d'en faire à un être plus fort, plus expérimenté, mêlant deux vies, unissant deux volontés, fortifie la faiblesse naturelle de la femme par la puissance naturelle de l'homme, lui inprime un caractère d'élévation et lui assure un sort meilleur.

« Je suis toujours persuadé, dit Rousseau, que le vrai » bonheur de la vie est dans un mariage bien assorti, » et je ne le suis pas moins que tout le succès de cette » carrière dépend de la façon de la commencer. »

Rien, en effet, n'est plus naturel, ni plus nécessaire à la femme que le mariage. Tout lui conseille de ne pas rester un être isolé; son cœur fait pour s'épancher, son ardeur de se rendre aimable pour se faire aimer; sa sa nature aimable et timide. Il lui faut donc un ami vers lequel elle puisse se pencher pour y verser ses joies et ses peines, sur lequel elle puisse se reposer; il lui faut un pilote fidèle pour conduire son aimable et charmante, mais trop légère et trop frêle embarcation.

La beauté morale du mariage est aussi évidente que sa nécessité. Cette évidence est tellement manifeste que rien ne saurait ravir au profit de la virginité le fleuron le plus pur de la moralité des femmes. Les adversaires de la société civile, et conséquemment de la famille, ont beau jeter un regard dédaigneux sur cette union sainte et sociale, la vie conjugale ne cessera pas d'être l'idéal de l'existence humaine.

J'ai déjà dit que le catholicisme avait eu le mérite d'avoir émancipé la femme, que cette émancipation était une de ses gloires. Mais en exaltant la virginité au détriment du mariage, il abaisse la vertu la plus héroïque, la seule vertu qui soit humaine et divine, la maternité qui enfante un être composé d'un corps et d'une âme.

Autrefois la violence de certains docteurs ascétiques contre le mariage était extrême. Enflammés d'une fureur inhumaine contre cette institution éminemment humaine, ils enseignaient une doctrine monstrueuse, qui voit dans l'union conjugale deux corps humains déshonorant la nature humaine; ils poussaient leurs emportements fanatiques jusqu'à l'outrage de la famille, en jetant le mépris sur les nouveaux-nés, en lançant l'anathème contre la courageuse mère qui, pourtant, donne un homme à la société, un citoyen à la patrie, une âme à la divinité. Oh! pourquoi, renier la plus belle vertu humaine, pourquoi ouvrir les portes célestes aux vierges et seulement les entre-bâiller pour les mères!

Aujourd'hui, sans doute, il y a plus de prudence, plus de circonspection, mais la séduction n'en est pas moins artificieuse, puisqu'on l'exerce toujours sous des images mystérieusement entrainantes, qui présentent comme parfait un état que la nature condamne et qui amènent imperceptiblement, mais sûrement, la jeune fille à cette croyance orgueilleuse pour elle, injurieuse pour sa mère que la virginité est une perfection et la maternité une imperfection.

Sans doute le mariage a ses imperfections; aucune institution humaine n'étant parfaite. La vie conjugale a peut-être plus de contrariétés, plus de tracas, plus d'adversités que le célibat; mais en retour elle a plus d'honneur, plus de grandeur; elle revêt un caractère auguste de dignité et d'honnêteté que peut seul imprimer l'accomplissement fidèle de la mission, que la nature a imposée à la femme comme à l'homme.

Nous ne sommes plus, du reste, à l'effrayant début du mariage, où les femmes étaient des épouses seulement pour servir l'homme et pour produire, des servantes ou des esclaves génératrices. Au lieu d'être enfermées dans les monstrueux harems, elles vivent aujourd'hui libres dans la maison conjugale, et indépendantes dans leurs attributions. Plus de concubines officielles, la loi punit l'infidélité publique comme un crime, protège les femmes contre tous les outrages, en leur garantissant dans la famille le respect du mari et la soumission des enfants.

Du reste la civilisation a tellement fait pénétrer dans les mœurs les habitudes respectueuses, que dans la plupart des ménages, l'amitié conjugale suffit pour inspirer ces hauts sentiments de dignité, ces marques élevées de déférence ; la famille, comme nous le verrons bientôt, est devenue un intéressant royaume, où les femmes sont des reines presque toutes-puissantes.

Je crois en avoir assez dit, soit ici, soit dans un chapitre précédent, pour consacrer la nécessité, la grandeur et la beauté du mariage. Mais avant cette action solennelle, que doit faire la jeune fille ? que doivent faire et laisser faire les parents ?

Il est d'abord évidemment nécessaire que la future épouse apprenne à connaitre le futur époux, non pas seulement son nom, ses titres, sa fortune, mais principalement son caractère, ses goûts, ses penchants, ses inclinations, ses qualités et même ses défauts.

L'attention la plus vigilante et la plus minutieuse, l'intelligence la plus délicate et la plus cordiale doivent présider à l'étude si difficile d'un cœur qui, à cet âge, parait toujours affectueux, d'un esprit qui tâche de se montrer droit, et d'une âme qui s'efforce de se faire croire innocente et pure. Il importe de deviner ce qui se passe jusque dans le fond de ce cœur, de cet esprit et de cette âme ; car il ne s'agit pas seulement d'épouser une fortune, une beauté virile, il vaut mieux encore épouser des vertus, de la valeur, de l'amitié et le bonheur.

Or, pour acquérir cette connaissance précieuse, mais longue et difficile, n'est-il pas convenable de se voir, de se parler, de s'interroger, de s'entretenir honnêtement mais librement ?

Qu'on ne croie pas que la liberté des communications devienne un danger imminent qui expose les qualités vertueuses ! Dans tous les pays où les jeunes gens et les jeunes filles se parlent habituellement avec aisance, sans être obligés de remarquer s'ils sont épiés ou observés, les désordres sont moins nombreux, les déshonneurs plus rares que dans ceux où la jeunesse, toujours trop ardente, est obligée de dissimuler ou de se rendre dans des lieux solitaires, où les intentions les plus honnêtes ne sauraient prévenir les fautes que la solitude inspire.

Je sais bien qu'on peut objecter que la liberté chez les jeunes filles, fournit un aliment perpétuel à leur pente naturelle aux plaisirs ; mais je sais aussi que la sujétion engendre l'ennui, et que l'ennui plonge tôt ou tard d'innocentes captives sans expérience, dans de profonds et d'irrémédiables désordres ; et je préfère des légèretés fréquemment répétées à un seul vice.

Du reste, en épiant assidûment les actions d'une fille qui se prépare à devenir épouse, en observant continuellement ses gestes, ses sourires, on ne forme pas plus son esprit à la vérité, son cœur à la vertu, qu'on ne forme les enfants au respect, à la soumission, en les grondant fréquemment pour de futiles bagatelles, qu'il vaudrait mieux ne pas voir, et même ne pas connaître ; car il y a d'abord chez la fille, trop de sentiment pour subir, sans en être froissée, l'affront d'une surveillance méfiante, et ensuite trop de finesse pour ne pas saisir des craintes exagérées, qui peuvent lui faire concevoir même des soupçons, sur une jeunesse légère de sa vertueuse mère. Ces mêmes craintes, ébranlant son esprit déjà si timide, produisent chez la fille les mêmes frayeurs que les contes ridicules de fantômes ou de revenants sur les enfants.

Aussi ne crains-je pas de publier bien haut, qu'inspirer le servilisme à la jeune fille, dans le sanctuaire de la famille, c'est lui porter un préjudice aussi funeste, que de nourrir son tendre cerveau de fausses idées ou de chimères; c'est augmenter la faiblesse de son âme, et rendre son cœur, déjà si impressionnable, plus docile à la séduction. N'employons jamais la finesse, nous enseignerions la ruse.

Je me permettrai d'ajouter que l'expérience est un abri contre la séduction. Les femmes ont des instants de faiblesse, des moments de défaillance ; de séduisantes invitations, de pressantes sollicitations viennent encore éprouver leur cœur et leur conscience. Or, comment résister à ces faiblesses ? comment conjurer ces défaillances, sans avoir jamais été témoin des basses et dangereuses complaisances, des fantaisies coupables, et des frivolités ridicules des petits esprits ?

J'ignore si mon grand amour, pour la liberté m'égare,

et si je n'aperçois pas les fâcheux abus qui peuvent survenir. Mais ce que je sais, c'est que s'il y a péril, le péril n'est pas imminent; et je vois dans les entretiens comme dans les communications libres de la gène offensante, de merveilleuses et de nombreuses ressources.

Certes le choix d'un époux est l'intérêt suprême de la condition des femmes; c'est la mesure de leur bonheur ou de leur malheur. Un choix aussi important pourrait-il être l'effet d'une surprise ou d'un caprice? Deux êtres intelligents pourraient-ils s'unir pour la vie, sans connaître chez l'un, la richesse de force, de courage et d'intelligence, chez l'autre, la richesse de délicatesse, de finesse et de sentiments, et chez tous les deux, la richesse d'honneurs et de vertus? Les naufragés en détresse, seuls confient leur vie au premier venu, sans examiner si c'est un matelot ou un pirate, un pilote ou un corsaire.

Nous approchons du jour solennel, le cœur de la jeune fille désire recevoir les hommages du jeune homme. Mais les parents, qui paraissent approuver les futurs époux, trouvent la fille encore trop jeune. A quel âge est-il donc convenable de marier les filles.

Le premier législateur des Indiens, Manou, marie les filles à huit ans; le sévère Lycurgue, ne voyant dans les femmes que des mères fortes pour donner de vigoureux soldats à la patrie, les mariait à vingt ans; la loi française, considérant le développement physique, en même temps qu'elle s'inspire des convenances et des sentiments, permet le mariage à quinze ans.

Des moralistes distingués prétendent qu'il faudrait reculer l'âge de quinze ans, soit parce que les filles manquent alors de connaissance pour pénétrer dans le fond du cœur d'un homme, et d'expérience pour se prémunir contre une autorité quelquefois trop exigeante; soit parce qu'elles manquent de force pour supporter les fatigues de la grossesse, et résister aux épidémies qui, à cette époque, les atteignent facilement.

D'autres prétendent avec raison, que dès que les filles rentrent dans leur seizième année, leur fine intelligence lit mieux dans le cœur des jeunes gens que ceux-ci ne voient à vingt-cinq ans dans le cœur des jeunes filles; elles comprennent, disent-ils, la vie d'un homme et connaissent assez celle d'un mari.

Quant à la force qu'exige la gestation, l'âge en est subordonné aux divers tempéraments. Ainsi, il y a des filles qui, à quinze ans, sont vigoureusement constituées, d'autres, d'une complexion plus délicate, sont à peine suffisamment développées à dix-huit ans; quelques-unes sont moins robustes à vingt ans qu'elles ne l'étaient à dix-huit et même à quinze ans. Il serait donc difficile de fixer un âge déterminé plutôt qu'un autre pour le mariage des filles. Toutefois, ne pas trop se hâter est une prudence pour la santé de la jeune mère, c'est l'espérance d'une saine et vigoureuse fécondité.

Mais toutes ces considérations, d'ailleurs douteuses, de force et de santé disparaissent devant l'intérêt suprême de la moralité et du bonheur conjugal. Car il arrive souvent que le cœur des filles devient subitement un brasier ardent; alors le feu de l'amour éclate, et la passion ressemble à ces torrents qu'il serait dangereux d'arrêter. On a beau distraire les jeunes filles par le travail, l'étude ou les œuvres de bienfaisance, une parole amicale, un regard sympathique, un sourire affectueux suffit pour rallumer l'étincelle qui embrase toute la maison, et pour faire bouillonner l'amitié dans un cœur déjà fiancé. C'est un incendie qu'on ne peut éteindre que par un autre incendie.

Est-ce que alors reculer l'âge du mariage ne serait pas un péril, pouvant entraîner à de graves désordres, rompre les amitiés les mieux fondées, ébranler les vertus les plus solides, et permettre à une séduction secrète, ayant en ce moment un empire trop puissant, de ravir l'honneur de la fille et de la famille ?

D'ailleurs, le bonheur conjugal ne dépend-il pas principalement de la conformité de sentiments et de la bonne intelligence entre l'épouse et l'époux ? Ce bonheur, qui doit naître avec le mariage pour vivre avec le mariage, n'a-t-il pas son germe naturel dans le caractère et les habitudes des femmes ? Comment germera-t-il ? comment naîtra-t-il ? comment se développera-t-il si la fiancée est une vieille fille qui a déjà rempli le rôle de petite maîtresse ?

Alors l'épouse sera plutôt disposée, dès la première heure, à prétendre à l'autorité pour devenir le tyran de son chef. Au lieu de mettre sa gloire dans l'estime de son mari, et son bonheur dans la soumission docile à ses volontés, elle s'empressera de renverser l'ordre naturel en blessant les droits du mari, en le rendant esclave, en le faisant la plus misérable des créatures ?

Tandis que si la fiancée est une jeune fille; elle n'aura pas encore pu dérober cette autorité qui sied seulement à l'homme ? Contente de son chef, satisfaite de son maître, glorieuse de son mari, elle fera servir son talent de complaisance et d'adresse à acquérir un empire de douceur et de grâces. Les relations s'établiront mieux, se gradueront mieux ; l'accord pourra devenir parfait : trop reculer l'âge du mariage des filles serait donc un malheur.

Une autre preuve encore frappante, qu'il ne faut pas trop différer l'entrée des filles dans la vie conjugale, c'est la honte qui accompagne le célibat ; quand on est arrivé à l'âge habituel du mariage, c'est la déconsidération que le titre de vieille fille jette sur les personnes même les plus riches ou les plus laborieuses ; c'est la satisfaction naturelle qu'éprouvent les parents à marier une fille jeune.

Et qu'on ne croie pas que cette satisfaction soit seulement inspirée par le léger et futil point d'honneur de voir sa propre fille mariée plus jeune que celle de son voisin. Elle a une origine plus élevée ; elle repose principalement dans la tranquillité du cœur et de l'âme dont ne jouissent le père et la mère, que lorsque le mariage a mis leur innocente enfant à l'abri de la séduction.

Ainsi, dès que le caractère des jeunes filles est formé, dès que leur organisation est suffisamment développée, si leur cœur est fixé, il importe qu'elles commencent la vie sérieuse, et qu'elles affrontent gaîment les fatigues de de l'héroïque et vertueuse maternité.

Maintenant les parents ont donné leur consentement ; les futurs époux comptent l'un sur l'autre ; la pensée d'une alliance calme l'effervescence de l'amour ; un avenir certain, modère la passion présente. On ne s'étudie plus, on se prépare ; on ne cherche plus à se connaitre, on se dispose, pour vivre ensemble, à célébrer la grande union des cœurs et des âmes ; on se fait enfin une promesse réciproque, qui n'est pas encore l'état irrévocable du mariage, mais qui unit les deux futurs époux par les liens de la convenance et de l'honneur.

L'usage des fiançailles est très ancien. Les Juifs, les Indiens, les Chinois, tous les peuples de l'Orient l'ont pratiqué avec plus ou moins de cérémonial, de fêtes et de plaisirs, selon les habitudes cérémonieuses, sensibles ou voluptueuses des différentes nations. Toutefois, on ne trouve guère de traces des fiançailles dans la plupart des villes de la Grèce, et moins encore dans la libre et facile Athènes, ainsi que dans la sévère et rigide Sparte.

Mais à Rome on y attachait une grande importance légale ; les lois défendaient de contracter mariage sans fiançailles préalables, et ne reconnaissaient valides que les fiançailles garanties par le consentement libre des deux parties. La gravité des mœurs romaines permettaient de fiancer les enfants dès l'âge de sept ans. Le contrat, purement civil, était écrit sur un registre public, sur lequel tous les assistants apposaient leur anneau pour sceller les conventions réciproques.

Le fiancé offrait à sa fiancée un anneau de fer tout uni, sans pierreries, qu'il mettait à l'avant-dernier doigt de la main gauche, parce qu'il existait, croyait-on, un nerf correspondant de ce doigt au cœur. Cet anneau était une garantie de l'engagement qu'il prenait avec elle.

Après cette cérémonie toute d'amitié et de fidélité, la fiancée entrait dans la maison de son fiancé, où des sandales, une quenouille et un fuseau lui étaient présentés pendant qu'on chantait un hymne à Thalassius, le dieu de l'hyménée.

Dès ce moment, le fiancé faisait partie de la famille de la fiancée ; le père le regardait comme son enfant et l'appelait son gendre ; celui-ci le considérait comme son père et l'appelait son beau-père. C'était un enfant de plus dans la famille. Lorsque d'un consentement mutuel l'engagement était rompu, on se rendait réciproquement les arrhes ; mais si une des deux parties se retirait, sans l'assentiment de l'autre, elle était tenue à des dommages-intérêts, sauf le cas de force majeure.

L'usage des fiançailles passa des Romains aux Francs, et presque chez tous les peuples de l'Europe. Le christianisme hérita des coutumes du paganisme, se contentant d'attribuer aux fiançailles d'autres motifs, qu'il transforma ou façonna selon ses croyances religieuses.

Les fiançailles étaient célébrées solennellement ou faites simplement, selon qu'elles étaient accompagnées d'une solennité religieuse, ou selon qu'elles s'accomplissaient sans cérémonies. La pompeuse solennité, ayant autorisé les fiancés à croire que le mariage était définitivement consacré, et les ayant engagés à vivre comme s'ils étaient mariés réellement, engendra de si graves abus, que l'église latine, après les avoir pratiquées par motif d'intérêt, fut obligée de les abandonner et de ne les revêtir que du caractère d'une simple promesse.

Toutefois, au point de vue de la jurisprudence, les fiançailles avaient toujours un effet légal. Chacune des deux parties ayant échangé des arrhes, pouvait intenter une action judiciaire, à celle qui, sans motif grave, ne remplissait pas les obligations souscrites, et brisait les sceaux des témoins et des membres de la famille. La loi défendait encore aux fiancés de se marier à toute autre personne, à moins d'une dissolution de fiançailles librement consentie.

Mais des abus s'ensuivirent encore ; les jeunes filles étaient facilement abandonnées, le pouvoir religieux qui, à cette époque, primait tous les autres, en régla les conditions au XVIe siècle par un décret du concile de Trente.

Plus tard la cour de Rome qui faisait une perte matérielle, depuis le jour de la suppression des fiançailles solennelles, trouva le moyen de compenser le déficit, en s'adressant à la cour de Paris. Une ordonnance royale de Louis XIII, sous prétexte de mettre un frein à la légèreté ou à la passion, imposa des dispositions légales aux fiançailles. Les arrhes furent conservées, la bénédiction payante d'un prêtre devint obligatoire, et si le fiancé et la fiancée persistaient à résilier l'engagement, pour racheter la violation de la promesse, les coupables étaient contraints de réciter de longues et fréquentes prières, ou de remplacer ces prières par des amendes ou des aumônes imposées, qui absolvaient d'autant plus, qu'elles étaient plus fortes ou plus abondantes.

Néanmoins toutes ces habitudes tendirent à disparaître. Vers la fin du XVIIe siècle, les fiançailles n'étaient déjà plus regardées que comme une simple cérémonie. Enfin la grande Révolution emporta, dans le pays où les fiançailles avaient été le plus exploitées, les derniers vestiges de cette ancienne coutume.

Aujourd'hui les fiançailles ne sont plus qu'une simple préparation au mariage, une promesse qui n'engage pas d'une manière obligatoire ; s'il y a rupture, la partie qui se croit lésée, peut seulement demander à être indemnisée de ses dépenses. Il semble qu'il y a dans cette rupture volontaire et impunie quelque chose d'étrange et de cruel, surtout lorsque c'est le fiancé qui déchire un contrat aussi solennel, renie une promesse aussi sacrée, et foule aux pieds les sentiments de l'amour qui devaient être éternels.

Sans doute l'intervalle qui s'écoule depuis le contrat jusqu'au mariage peut révéler des défauts, inspirer des craintes pour l'avenir, et cette révélation confirmerait la nécessité que nous avons reconnue des entretiens fréquents entre les jeunes filles et les jeunes gens, ainsi qu'entre leurs familles respectives. Mais si l'on aperçoit un péril quelconque à contracter le mariage, que l'on voie aussi, que rompre une promesse de mariage, c'est faire une brèche à l'honneur du fiancé, et blesser la dignité de la fiancée ; c'est imprimer à tous les deux, par une rupture aussi éclatante, une tache morale, obligeant quelquefois la femme au martyre perpétuel du célibat.

Jeune homme, avant de rompre une union commencée, consulte ton cœur et ton âme ; n'oublie pas le passé, considère le présent, regarde l'avenir.

Continuons à parcourir la route de la persévérance et de l'honneur ; suivons les fiancés, jusque devant l'officier de l'état civil ; écoutons ce magistrat, en présence de quatre témoins majeurs annoncer aux futurs époux leurs droits et leurs devoirs respectifs, leur faire prononcer le oui sacramentel, et déclarer au nom de la loi que la jeune fille et le jeune homme, devenus l'épouse et l'époux, sont unis par le mariage.

Les mariés se rendent ensuite dans le temple afin de demander la bénédiction de leurs promesses et la consécration de leur indissoluble union.

A la mairie comme au temple, quel touchant spectacle ! deux cœurs unis, deux âmes confondues se jurent fidélité en prenant à témoin la loi et la divinité. La faiblesse donne la main à la force, le sentiment à la raison, la sensibilité à l'intelligence, l'amour à l'amitié.

Tout dit à l'heureux couple : secourez-vous, protégez-vous, obéissez-vous, perpétuez l'espèce humaine, ne brisez jamais le sceau de la fidélité, ne déchirez pas le pacte solennel et sacré, honorez le chaste culte de la tendresse et de l'affection, soyez toujours cet arbre précieux, qui puise dans les racines de l'amour la sève de la vertu et du bonheur.

Et toi, jeune femme, sache que tu n'es plus une fille indépendante, mais une épouse soumise à l'autorité d'un maître, soumis lui-même à ton amour ! Libre captive, puisses-tu vivre au sein du bonheur et de l'amitié.

Maintenant, jeune et tendre épouse, aimante et aimée, laisse l'éclat des cérémonies, et l'appât des réjouissances ; retire-toi joyeuse dans la chambre nuptiale, montre à ton heureux époux l'ardeur de ton amour, et dans votre union brûlante et chaste, préparez tous les deux, le glorieux champ de la famille.

CHAPITRE VIII.

L'Épouse.

La grandeur féminine apparait ; nous allons aborder la condition de l'épouse.

Les époques de la vie sont comme les âges, se succédant, mais ne se ressemblant pas ! Plus nous avançons, plus il y a de devoirs à remplir ; plus il faut de courage, de force et d'intelligence.

Habituée à toutes les curiosités, la jeune fille a pu nourrir sa vive imagination d'aventures étonnantes, ou de récits héroïques, qui ont semé dans son cœur et dans son âme des sentiments ardents, des passions généreuses. Toujours regardée avec complaisance, toujours écoutée avec plaisir, elle a pu prodiguer ses manières aimables et charmantes, qui lui ont valu tant de félicitations, tant de caresses, peut-être des adorations. Mais en passant de l'espérance à la réalité, en entrant dans la vie pratique, l'épouse abandonne les rêves et laisse derrière elle toute cette ardeur, toutes ces passions. Si d'heureux souvenirs sont encore vivants dans son esprit, ils existent comme ces ombres agréables et fugitives, qui se succèdent rapidement, sans jamais s'arrêter.

Suivre la nature des choses et les usages d'une nouvelle vie, résister aux penchants des frivolités, recevoir plus froidement les petites flatteries, devenir plus grave sans prendre un air austère ou affecté, revêtir un caractère d'amabilité plus particulière et plus réservée, sans cesser de montrer un visage riant et gracieux, chercher à devenir une femme judicieuse; appliquée, soigneuse, attentive, industrieuse, laborieuse, vertueuse et fidèle, voilà ce que demande le beau titre d'épouse.

Quand on change de vie, il est important de savoir rentrer dans sa nouvelle condition, c'est-à-dire de se former aux travaux comme aux occupations de sa profession. Ainsi, faut-il que la femme d'un marchand ou d'un négociant s'initie au commerce, à l'achat comme à la vente, apprenne les différentes manières de correspondre, s'exerce à l'exactitude de la comptabilité ; tandis qu'une fermière a besoin de connaître par dessus tout, l'industrie d'une étable et les ressources de la basse-cour. Ce qui intéresse l'une, c'est la valeur des marchandises, les gains, les pertes, en un mot, les bénéfices résultant du commerce. Ce qui importe à l'autre, c'est le revenu des terres, des bestiaux et des fruits.

Pour un commerce de détail, les femmes sont d'autant plus précieuses qu'elles sont plus prévenantes ; car la politesse et l'affabilité, communiquant une valeur particulière à toutes les marchandises, sont les deux sources les plus fécondes de la vente.

S'agit-il de la culture, le rôle de la ménagère n'est pas moins important. Il est vrai qu'il ne sied pas de mettre entre les mains délicates des femmes une pelle ou une pioche ; mais dans une ferme n'y a-t-il que des outils agricoles, ou des instruments aratoires ? Ne faut-il pas des bras vigoureux pour les manier ? Ces mêmes bras ne demandent-ils pas une nourriture substantielle et abondante que les femmes seules peuvent préparer ? N'y a-t-il pas encore les produits de l'étable, de la basse-cour ? ce trésor quotidien des fermes peut-il être conservé par d'autres que par les femmes ?

Que d'intéressants offices on peut donc confier aux maîtresses de maison ! Comme celles-ci doivent montrer du zèle à les remplir, quand même elles appartiendraient aux conditions les plus élevées ou les plus distinguées, se souvenant que rien n'est vil ni méprisable, dès lors qu'il s'agit de l'honneur ou de l'intérêt du ménage, et que toutes les occupations sont honorables, lorsqu'elles sont en harmonie avec les forces, et les fonctions de la nature féminine.

Il importe donc aux jeunes épouses, dès leur entrée dans la vie conjugale, de se préparer à bien gouverner l'intérieur d'une maison ; de commencer par veiller aux petites dépenses, en les échelonnant selon le gain de la journée, ou les revenus de l'année ; d'ordonner les repas non parcimonieusement mais économiquement ; d'apprendre à connaître le prix des étoffes, de la vaisselle, des substances alimentaires, de faire de prévoyantes emplettes, de remplir les offices d'abondantes provisions ; de songer enfin, à tous les détails du ménage. En même temps qu'elles feront un immense plaisir à leurs heureux maris, qui sauront apprécier des qualités presque inappréciables, elles les déchargeront d'une infinité de petites occupations, qui absorberaient une partie du temps, qu'ils consacrent pour elles et pour eux, à des travaux lucratifs.

J'ai constamment demandé pour les jeux, les distractions, les conversations, les entretiens, une liberté prudente, il est vrai, mais enfin, la liberté. Dans toutes les occupations du ménage, je réclame cette liberté encore plus grande pour les épouses, la considérant comme la première marque de la confiance qui leur est due, comme la source la plus sûre de la paix conjugale.

Si je pouvais me faire entendre de tous les maris, comme je leur dirais avec toute la chaleur d'une ardente conviction : N'hésitez pas à laisser à vos diligentes compagnes le soin des affaires domestiques ; abandonnez-le leur, comme si, par cet abandon, ces mêmes affaires devaient être mieux administrées.

Rien, en effet, ne charme plus les femmes que la confiance, qui leur fait ressentir un plaisir incroyable ; rien, dans les différents emplois de la famille, ne fournit un aliment plus sain à leur tempérament nerveux, rien ne modère mieux leurs impatiences naturelles, rien ne réglemente mieux leur activité toujours trop sensible ou trop mobile ; rien ne bannit plus promptement de leur cœur les amertumes autrement trop fréquentes ; rien ne remplit plus abondamment ce même cœur de toutes les joies qui éclatent dans l'intérieur du ménage ; rien, en un mot, n'assure plus efficacement le bonheur à la femme comme à l'homme, puisque les biens réels, ainsi que les destins du foyer domestique sont intimément liés aux joies et aux plaisirs des femmes.

Et puis, est-ce que l'homme qui a donné son cœur, son sang, sa vie à une femme, pourrait lui refuser sa confiance ? L'aurait-il prise pour sa compagne afin d'en faire uniquement l'instrument de ses plaisirs, ou bien la considérerait-il comme un être incapable ?

Mais les femmes possèdent comme les hommes le don de l'intelligence, le goût du bien, le sentiment du vrai, l'amour du succès, la passion de l'honneur ? Si toutes ces belles facultés sont plus bornées ou plus faibles chez les femmes que chez les hommes, les développera-t-on, les fortifiera-t-on en limitant la volonté féminine ? Si l'homme surpasse la femme par sa force et son intelligence, la femme ne lui est-elle pas supérieure par l'adresse et le sentiment ? Si l'homme l'emporte dans la direction d'un commerce ou d'une culture, dans l'administration des revenus, la femme n'est-elle pas plus prévoyante, plus habile dans le gouvernement intérieur de la famille ? Ne sait-elle pas aussi bien régler les dépenses domestiques ? Enfin, par sa raison pratique et son esprit d'ordre, n'est-elle pas naturellement désignée à tous les détails, à toutes les occupations du ménage ?

L'histoire raconte que lorsque le possesseur de fief sortait, sa femme y restait, et se trouvait dans une situation toute différente de celle que les femmes avaient généralement occupée chez la plupart des peuples. Elle y restait maîtresse châtelaine, représentant son mari, et chargée en son absence de la défense et de l'honneur du fief. Cette situation élevée et presque souveraine au sein même de la vie domestique, a souvent donné aux femmes de l'époque féodale, une dignité, un courage, des vertus, un éclat qu'elles n'avaient point déployés ailleurs ; elle a, sans nul doute, puissamment contribué à leur développement moral et au progrès général de leur condition.

Aujourd'hui que l'émancipation des femmes, consacrée par l'usage et la loi, les a placées côte à côte, face à face avec les hommes ; maintenant qu'elles participent indirectement à tous les emplois, et qu'elles vivent sur un pied d'égalité morale dans la grande famille humaine, la demi-liberté pour la nature féminine, serait encore une chaîne honteuse. La science ayant élevé les femmes à leur véritable rôle, la conscience doit suffire pour les y attacher.

Les adversaires de l'indépendance des femmes ont beau la montrer comme contraire à l'unité du gouvernement domestique, comme un brandon de discorde, ou comme une cause imminente de dégradation morale, ils ne peuvent nier que la famille ne soit une petite république ayant le mari pour président et la femme pour ministre. Or, dans tout gouvernement bien organisé, plus les ministres sont libres, plus ils se croient responsables, et la responsabilité engendre nécessairement la justice.

Inspirant des sentiments de dignité aussi puissants pour l'honnêteté des individus que pour la moralité des peuples, la liberté allume dans le cœur des femmes une flamme agissante; son souffle divin loin de les exciter à revendiquer la suprématie qui appartient à l'homme, loin de les encourager à se précipiter dans les désordres, les pousse plutôt à reconnaitre qu'il est dans l'ordre de la nature que la femme obéisse à l'homme; elle fortifie même cette pudeur naturelle qui les retient et les contient.

D'ailleurs, l'épouse ne pouvant s'imaginer que son mari puisse l'oublier, ne peut croire aussi que ce même mari, si jaloux de l'autorité sans obstacle et sans contrainte, ne la laisse pas disposer pleinement de sa volonté dans ses attributions ou ses fonctions.

Que deviendrait du reste, chez la femme mariée cette admirable faculté distinctive qui imprime à sa nature comme à sa nouvelle situation toute sa splendeur et toute sa gloire? L'homme pense, croit et enseigne que sa raison n'est rien sans la liberté, puisque celle-ci l'invoque; mais alors l'épouse privée de la liberté serait-elle autre chose qu'un être moral anéanti? La liberté n'est-elle pas pour la femme comme pour l'homme, le fondement de sa volonté, la base de sa moralité, la fécondité de toute son activité, l'origine de tous ses mérites, de tous ses talents et de toutes ses vertus?

De plus, attenter à la liberté de l'épouse, aliéner sa volonté, n'est-ce pas pour le mari renier les qualités vertueuses et industrieuses de sa compagne? n'est-ce pas condamner le choix qu'il en a fait? Oh! alors on ressemble, à l'intérieur du ménage, à ceux qui, rougissant en société de leur propre femme, privent de paraitre en public une compagne inséparable, et refusent la société de ses joies, de ses délices, de son ornement, de cette intime alliance qui fait honneur aux hommes?

Un célèbre moraliste a dit: « Malheur au siècle où » les femmes perdent leur ascendant, où leurs juge» ments ne sont plus rien aux hommes. C'est le dernier

» degré de la dépravation; tous les peuples qui ont eu » des mœurs ont respecté les femmes. » Labruyère aurait pu ajouter : malheur au ménage où la volonté de l'épouse est enchaînée.

Mais, objectera-t-on encore, en laissant la liberté à l'épouse, que faites-vous des droits du mari? Je réponds : la liberté chez les peuples détruit-elle la législation de ce peuple? N'inspire-t-elle pas au contraire le respect de la loi, qui réside alors plus dans le cœur des citoyens que dans le code? De son côté, le chef de la famille n'a-t-il pas toujours le droit et le pouvoir d'exiger certaines garanties?

Le champ de la liberté a ses limites au foyer domestique, comme dans la société. Mais il ne faut pas qu'il soit si petit, qu'il ressemble au néant, ni qu'il soit entouré de remparts effrayants. Plus le champ est vaste, plus son enceinte est aimable, plus purs sont les sentiments, plus fécondes sont les actions. L'existence de la liberté féminine supposant, d'ailleurs, le pouvoir marital, cette liberté ne va pas plus loin que les devoirs de la femme envers le mari, puisqu'elle ne peut franchir cette limite sacrée sans l'assentiment du chef de la famille.

Enfin, quand il y aurait quelques abus à laisser à l'épouse une grande liberté dans sa souveraineté, ces abus seront toujours moins dangereux que ceux que ferait naitre l'omnipotence du mari.

Aujourd'hui donc, liberté pour l'épouse, demain, liberté pour la mère : La liberté est toujours la compagne des grandes vertus.

Je ne prétends cependant pas, en demandant une liberté voisine de l'indépendance pour la condition de la femme, soustraire celle-ci à l'autorité maritale, dont je reconnais la légalité et la nécessité; mais je revendique un droit commun, un bien précieux pour la famille.

Quand un peuple, opprimé par la volonté d'un despote ou d'un tyran, secoue les chaines honteuses de l'esclavage social, ce n'est pas pour briser les tables de la loi; mais c'est pour compléter par son intelligence, par son dévouement, par de libres sacrifices, ce qui manque à la sagesse des lois.

Si les femmes qui, autrefois, servaient de bêtes de somme, de viles esclaves ou de servantes dégradées, qui étaient regardées tellement inférieures à l'homme que le concile de Mâcon, osa discuter si elles ont une âme, si les femmes, dis-je, ont repris leur rang; si elles sont devenues, comme femmes, les égales de l'homme, égalité que les mœurs et les lois ont consacrée; c'est pour faire les hommes plus parfaits; c'est pour travailler et penser avec les hommes; c'est pour compléter par leur cœur la raison des hommes, afin que les deux plus grandes intelligences de la création soient plus sûres et plus fortes. Or, comment pourraient-elles posséder cette égalité et remplir cette haute mission sans la liberté.

Mais avançons toujours; l'épouse est libre au foyer domestique. De quelles qualités doit-elle entourer la liberté ? Quels devoirs lui sont naturellement imposés ?

Commençons par une vertu économique, vertu simple et modeste de laquelle dépendent le bonheur et la santé de la famille.

Dans tout ménage, surtout dans un jeune ménage apparait une douce obligation que j'appelle le premier devoir de la femme; c'est de plaire à l'homme, de lui être utile et de lui rendre la vie saine et agréable. Pour remplir ce devoir, je ne sache rien de plus efficace que l'exactitude dans la préparation des repas. Je vais paraitre un peu matériel en mêlant des qualités culinaires aux qualités du cœur et de l'âme; mais une partie de notre être est un corps qui ne peut subsister sans nourriture, et qui se plait agréablement à prendre, à certaines heures, cette source indispensable de la vie humaine.

Qu'on se représente un citoyen vertueux, un ouvrier laborieux, bruni par un soleil brûlant, ou par un feu infernal. Lorsqu'il a fait couler pendant une longue journée, d'abondantes sueurs sur le bord d'un sillon en conduisant la charrue, ou sur l'enclume, en frappant le fer rougi par la forge brûlante; le soir, il abandonne les champs ou l'atelier pour rentrer au foyer domestique. Quelle révolution délicieuse se prépare dans ce cœur honnête! Comme il est satisfait de ses fatigues! Comme il tressaille d'espérance! J'ai travaillé, dit-il, péniblement, mais je vais rejoindre ma femme ; un jour il ajoutera mes enfants; je vais la rejoindre afin de lui offrir le prix de ma pénible journée; je vais être payé de toutes mes peines. Ses pas l'entrainent rapidement où son âme est est déjà; car il lui tarde de rendre compte de ses actions à celle qu'il aime, et de lui communiquer ses joies ou ses chagrins. Aussitôt arrivé, il l'étreint, il l'embrasse, les deux cœurs se confondent; le mari et la femme joyeux s'assoient à la table, réparent les forces épuisées, s'entre-regardant en souriant à mille signes affectueux.

Mais, oh, douleur, si la nappe n'est pas étendue, si le couvert n'est pas mis, si le foyer ne flambe pas encore! Oh, déception, si, après s'être consumé au travail, il faut seulement se consumer en amour! Le feu qui brûle encore dans ce cœur ardent jette d'abord un voile d'excuse; mais les yeux de l'amitié la plus aveugle se dessillent toujours en face des oublis répétés. L'ennui gagne bientôt les meilleurs naturels; le dégoût triomphe de la raison la plus ferme. Alors le mari, pourtant fidèle, s'abandonne à des conseils perfides, contracte des habitudes oisives, ne rentre plus régulièrement à la même heure, au grand étonnement d'une femme qui l'attend impatiemment, sans songer que sa coupable négligence commence à plonger son infortuné mari dans le gouffre désastreux des cabarets.

O femmes mariées, songez qu'il est injuste que votre oisiveté soit entretenue des sueurs et du travail de vos maris! Pratiquez fidèlement la fructueuse vertu économique, sans laquelle toutes les autres pâlissent; que l'heure du dîner ne vous surprenne point à vous coiffer dans votre cabinet, et que celle du souper ne sonne pas votre absence! Laissez à d'autres la funeste habitude de se plaindre de la brièveté du temps, une maîtresse de maison, diligente et soigneuse, en a toujours assez pour ses propres affaires, pour ses plaisirs, pour son repos; tandis que les femmes oisives et négligentes ne peuvent bientôt plus trouver le moyen de consumer le temps à s'habiller, à dormir, à discourir sottement, à se résoudre sur ce qu'elles doivent entreprendre, souvent à se décider à ne rien faire.

Passons maintenant aux grandes qualités morales qu'exige la sublime condition d'épouse. La fidélité doit marcher constamment la première; car, avec elle, tout est beau, tout est pur, tout est vrai, et, sans elle, il n'y a que laideur, souillure et mensonge. Fidélité donc dans la pensée, fidélité dans les sentiments, fidélité dans les actions, fidélité dans l'affection.

A considérer la société telle qu'elle est faite, par les mœurs comme par les lois, la vie humaine ne serait qu'une constante duperie si les promesses mutuelles n'étaient pas tenues et si les engagements réciproques n'étaient pas respectés. Non seulement c'est un besoin de croire aux obligations que nous impose la nature et que nous prescrit la conscience, mais c'est une nécessité de les remplir exactement, afin d'imprimer à toutes les décisions, comme à tous les rapports, une sécurité raisonnable.

Et pourtant, quelle différence entre la foi sociale et la foi conjugale! La première, souvent inspirée par un simple calcul de gloire ou d'intérêt, par la crainte des hommes ou le respect de sa propre parole, reçoit une sanction suffisante par le seul accomplissement d'une promesse quelconque. Mais la fidélité conjugale, plus intérieure, plus touchante et plus sainte, est écrite dans deux cœurs qui s'aiment, dans deux âmes qui s'adorent; c'est l'auguste lien moral qui unit deux intelligences dont l'une appartient à l'autre. Briser ce lien, pourtant indissoluble, c'est forfaire non seulement à l'honneur, à la probité, mais aux engagements les plus solennels, à l'amitié la plus sacrée; c'est, de la part de la femme, commettre un rapt criminel, et jeter dans la famille le désespoir le plus cruel.

« Sans doute, dit Rousseau, il n'est permis à personne
» de violer sa foi, et tout mari infidèle qui prive sa femme
» d'un seul prix des austères devoirs de son sexe est un

» homme injuste et barbare ; mais la femme infidèle » fait plus, elle dissout la famille et brise tous les liens » de la nature, en donnant à l'homme des enfants qui » ne sont pas à lui, elle trahit les uns et les autres, elle » joint la perfidie à l'infidélité. J'ai peine à voir quel » désordre, quel crime ne tient pas à celui-là. S'il est » un état affreux au monde, c'est celui d'un malheureux » père qui, sans confiance en sa femme, n'ose se livrer » aux plus doux sentiments de son cœur, qui doute, en » embrassant son enfant, s'il n'embrasse pas l'enfant » d'un autre, le gage de son déshonneur, le ravisseur du » bien de ses propres enfants. »

Oh! ce n'est pas légèrement que Rousseau donne tant d'importance à l'infidélité des femmes ; de tout temps la saine morale a flétri le crime d'adultère ; toutes les législations l'ont puni sévèrement, et beaucoup l'ont châtié rigoureusement. A Sparte, l'adultère était frappé des peines du parricide. A Rome, la loi moins rigide livrait la femme coupable au mari qui pouvait la répudier ou même la tuer. Chez tous les peuples de la Germanie, elle était regardée comme un monstre horrible.

Les uns, comme les Saxons, brûlaient la femme et dressaient sur les cendres de l'infidèle un gibet à son complice. D'autres lui faisaient subir des humiliations plus honteuses que la mort. Ainsi, le mari dépouillait la femme toute nue, et la rasait en présence de sa famille ; il la chassait ensuite brutalement de la maison, la menait dans l'état de nudité par tout le village en la frappant à grands coups de fouet : point de pitié, point de pardon, pour l'épouse qui avait violé le serment de fidélité. La prostitution était un déshonneur perpétuel.

Rien ne pouvait la faire oublier. Ni la beauté, ni les richesses était capables de faire trouver un autre mari à la femme qui avait souillé sa pudicité.

Partout des cris de réprobation contre la misérable épouse, partout des anathèmes, partout des sentences, partout des exécutions.

Aujourd'hui les peuples sont plus tolérants, et les lois plus indulgentes. En France, et dans presque toute l'Europe, on a substitué de simples peines aux terribles châtiments de l'antiquité. Quelques mois de prison ou quelques années, selon les circonstances atténuantes ou aggravantes, c'est toute la peine que la loi prononce contre la femme convaincue d'adultère. Encore le mari peut-il arrêter le cours de la détention en consentant à reprendre avec lui l'épouse déshonorée.

Il semble que la législation est trop bénigne et que la pudeur publique n'est pas assez protégée. Sans redemander les tragédies sanglantes ou ténébreuses de Sparte et de Rome, sans rappeler le fouet ignominieux des Germains, ou le terrible bûcher des Saxons ; sans prononcer des paroles de sang contre la femme criminelle, mais souvent infortunée ; il est permis de demander des peines plus sévères à des lois plus gardiennes de la moralité conjugale.

Il est vrai que le code français fait la part du cruel désespoir et de la blessure mortelle, en déclarant excusable le meurtre commis par le mari outragé sur les coupables surpris en flagrant délit dans la maison conjugale ; mais ce n'est là qu'une vengeance irréfléchie de l'homme outragé.

Certes l'adultère de la femme est trop coupable en lui-même, et trop désastreux dans ses conséquences, (tout à l'heure j'apprécierai sévèrement celui du mari) pour tant de bénignité, à l'égard d'un crime aussi odieux.

Cette profonde dégradation, qui commence par la ruse et le mensonge, qui s'agite dans les plus viles pratiques, qui abdique toute pudeur, toute autorité, qui façonne l'esprit et le cœur à toutes les turpitudes avilisantes, à toutes les machinations criminelles, se termine pourtant par la honte, le désespoir et la ruine de toute une famille? Elle éteint encore tous les sentiments affectueux de la femme pour les siens! Plus de dignité pour son beau rôle d'épouse, plus de franches et cordiales démonstrations pour son mari, plus de diligence, plus d'économie pour le malheureux ménage. Le cœur de la coupable toujours tourmenté devient un réservoir d'hypocrisies et de trahisons, un foyer de haines et de scandales, toutes ses paroles ne sont qu'un tissu de mensonges, toutes ses actions ne sont qu'un cercle de fourberies, toute sa personne n'est que bassesse et avilissement!

Enfin lorsque la loi punit la faute, les ravages secrets du crime sont déjà immenses? Le sang étranger bouillonne au sein de la famille; des enfants adultérins, sont nourris et vêtus avec le prix des sueurs d'un honnête homme! Un jour ils raviront aux enfants légitimes une part de l'héritage paternel!

Non on ne peut songer à tous les désordres, à tous les crimes enfantés par l'adultère, sans désirer des lois plus sévères, plus austères, plus rigoureuses pour l'impudicité féminine.

O épouses adorables lorsque vous restez fidèles, j'ai

réclamé pour vous la liberté au foyer domestique, parce que vous ne devez paraître, ni fausses, ni artificieuses; mais être toujours franches et fines, parce que l'esclavage conjugal est aussi funeste à la famille que l'esclavage social est désastreux pour un grand peuple ; parce que les chaînes d'un mari sont aussi barbares que celles d'un tyran, engendrant une égale servitude et rendant esclaves ceux qui les portent comme ceux qui les tiennent. Mais si j'ai inscrit le mot liberté sur le drapeau de la famille, je voudrais graver dans vos cœurs le mot fidélité.

Ne profanez donc jamais une qualité si précieuse. Au nom de votre serment, laissez au mari votre cœur d'épouse ; le reprendre serait un vol criminel, un homicide immoral. Songez aux malheurs que la femme adultère sème avec profusion autour d'elle, songez aux cruelles expiations qui vous attendent et vous serez fidèles même à l'époux infidèle.

Epoux infidèle ; comme si le chef du ménage pouvait donner l'exemple de l'infidélité ; comme si celui qui seul a qualité de faire punir la révolte de l'épouse pouvait s'arroger le droit de rébellion, et violer impunément la foi jurée.

En parlant de l'infidélité du mari, il semble que je m'éloigne de mon intéressant sujet. Mais si l'on considère que l'adultère de l'homme oblige souvent la femme, alors délaissée ou abandonnée, à se jeter dans les bras d'un étranger qui la sollicite ou la poursuit, on verra que le moraliste des femmes a le droit et le devoir de flétrir l'homme coupable, qui ne se contente pas de mener une vie désordonnée, mais qui fait jeter en prison sa malheureuse épouse, après l'avoir plongée lui-même, par ses exemples contagieux, dans le gouffre de l'immoralité.

Les hommes ont beau se retrancher derrière cette triste vérité, que leurs libertés licencieuses, s'exerçant généralement loin du foyer domestique, sont plus secrètes et moins scandaleuses ; ils ont beau croire, avec raison il est vrai, que leur caractère plus fort que celui de la femme, dont la faiblesse ne lui permet pas de se relever d'une si grande chute qui l'ensevelit, conserve encore des qualités sociales ; ils ne peuvent faire oublier que les serments sont les mêmes, et que la morale repousse chez l'homme comme chez la femme la violation de ces serments.

Sans doute, l'adultère du mari n'est pas comme celui e l'épouse, un vol ou une spoliation ; mais n'en est-il)as la cause ? Est-ce que l'homme coupable ne pénètre as jusque dans l'asile de la maternité. Et puis pour ụu'une faute soit sévèrement répréhensible, ne suffit-il as qu'elle engendre des scènes violentes, des prodiga- ités insensées, et qu'elle trouble la paix intérieure ? Or, es malheurs n'envahissent-ils pas tous les ménages ılcérés ? privations continuelles, souffrances mortelles hez celui de l'ouvrier ; faillites déshonorantes, catas- ophes épouvantables chez celui du riche ; douleur, rmes, désolation et désespoir chez tous les deux.

Malheureux époux qui ne vois pas le triste jour où, s enfants manquant de pain, désoleront son existence ar leurs cris de détresse, n'ouvre plus, par tes coupa- es absences, la porte du domicile conjugal à l'intrus ıi abusera de la bonne foi de ton épouse. Sache que le séducteur guette, et souviens-toi que si la loi civile est impuissante contre ton crime, la loi naturelle veille et châtie.

Je reviens à l'épouse; mais afin de poursuivre mes sévères leçons sur la fidélité conjugale, j'en appelle à l'excellence de son cœur.

Les dispositions dociles de la femme à communiquer à ceux qui la flattent, les pensées, les sentiments et même les secrets de la famille, son goût naturel de s'épancher pour chercher des consolations étrangères, offensent presque toujours les maris de caractère et de cœur, blessent leur honnêteté et leur loyauté. Ces offenses et ces blessures sont d'autant plus dangereuses et saignantes, heureux encore lorsqu'elles ne sont pas odieuses et sanglantes, qu'elles se font avec le cachet de la conciliation et même du sacrifice. Rien de plus commun aux femmes que les habitudes d'aller exposer leurs besoins, raconter leurs fautes, épancher leur cœur, révéler à un étranger des pensées et des sentiments qu'elles rougiraient de déclarer à leur unique ami, à leur seul confident, à toute leur providence. Rien de plus ordinaire chez les femmes de consacrer les heures les plus précieuses de la journée à des actes, que je n'ai pas à juger en eux-mêmes, mais dont je dois apprécier les conséquences fâcheuses, et quelquefois désastreuses pour le ménage le plus paisible et le plus uni.

Champion convaincu de la liberté, surtout de la liberté de conscience, je dois rester confiné dans mon domaine de moraliste, et ne pas descendre dans les souterrains mystérieux de la dévotion ou pénétrer dans les sanctuaires de la prière. Je ne me permettrai donc qu'un simple aveu ; c'est que je tiens pour vrai et pour certain qu'une épouse qui contente son mari, qui veille à sa santé, qui le seconde dans ses travaux ou dans son industrie, qui contribue à la prospérité du ménage, qui, tout en travaillant à répandre l'aisance dans la famille, trouve des instants et des ressources pour soulager la souffrance, secourir l'indigence, acquiert autrement du mérite devant le ciel que la coquette ou la dévote, qui délaisse tous ses devoirs d'épouse, abandonne toutes ses occupations, pour aller à certaines heures étaler dans le temple une toilette gracieuse, ouvrir un livre éclatant, prendre un air aimable, se rehausser fièrement, non pas de piété, mais de vanité.

L'oratoire de l'épouse est la chambre conjugale, sa prière est cette vigilance perpétuelle qui répand mille douceurs et mille tendresses au sein du foyer domestique. Lorsque l'épouse va passer de longues heures, jusque dans l'enceinte de l'autel sans savoir même si elle a prié Dieu, elle manque à la loi naturelle, qui commande aux femmes le soin continuel de l'intérieur de la maison. Et qu'on le sache bien, les femmes ne font pas seulement de la dévotion comme elles font de la mode, elles en font aussi par esprit de curiosité et de paresse. Bien loin de revenir de ces pratiques, qui ne conviennent nullement à la condition laborieuse des femmes, plus douces pour leur mari, plus équitables pour leurs domestiques, plus complaisantes pour leurs voisins, et plus appliquées à leurs propres affaires, elles y sucent plus de fierté, plus de dédain, plus d'arrogance qu'elles n'en puisent dans leur beauté ou leur jeunesse ; elles y contractent des habitudes d'oisiveté, d'autant plus contagieuses, que ces habitudes deviennent sous l'auguste voile de la prière, une règle de conduite entièrement contraire à tous les devoirs comme à toutes les obligations de l'épouse.

La dévotion des femmes m'amène naturellement à cette maladie fiévreuse, qui jette fréquemment l'épouse entre les bras d'un confesseur, non pas pour lui confier ses révoltes contre la divinité, mais plutôt pour en faire le dépositaire de ses chagrins, de ses désirs, de ses affections, de ses haines, et pour lui dénoncer les secrets les plus intimes de l'union conjugale. Question délicate et brûlante, que la plupart des moralistes ont éludé sous le vain prétexte qu'on ne peut rompre avec des habitudes aussi générales, aussi profondément écrites dans le cœur comme dans les mœurs des femmes. L'écrivain doit-il se laisser arrêter par des craintes si pusillanimes? Si les résultats d'une intimité entre une jeune femme et un homme voué au célibat sont déplorables, ne doit-il pas avoir le courage de les dénoncer comme funestes au rôle de l'épouse fidèle ?

La question dogmatique de la confession ne regarde pas le moraliste, qui n'a pas à connaitre ce qu'elle renferme de bon ou de mauvais. La traiter serait s'immiscer dans le domaine de la théologie ; ce serait pénétrer sur un territoire étranger et commettre d'une manière différente la même faute, qu'on reproche à ceux qui, ne sachant pas s'arrêter à leur mission d'amour et de charité pour les âmes, prétendent à la direction suprême de la famille. Ce qu'il importe de savoir, ce qu'il importe de faire passer dans l'esprit des femmes, c'est qu'au nom de la fidélité conjugale, l'épouse n'a pas le droit de placer un étranger quelconque entre elle et son mari ; c'est qu'au nom de la paix conjugale, il ne lui sied pas d'aller demander des conseils de sagesse ou de prudence à un célibataire qui a renoncé lui-même solennellement à l'acte le plus social et le plus moral de la vie humaine.

Mais avant d'exposer les motifs qui entraînent les femmes aux pieds d'un confesseur, afin d'en faire le confident de leurs pensées, de leurs désirs, de leurs déceptions, des émois de leur chair, des secrets de l'alcôve, avant de juger les terribles conséquences des révélations indiscrètes et des questions imprudentes qui les amènent, il est nécessaire d'étudier rapidement l'histoire de la confession.

En remontant à une époque presque immémoriale, on voit que depuis la plus haute antiquité, un grand nombre de religions différentes, ont de diverses manières, pratiquées la confession. Chez les anciens Grecs comme chez les vieux Romains, on trouve des traces de cette institution que le catholicisme s'est appropriée, en lui faisant subir des modifications, d'abord selon les principes de son culte, et, dans la suite, selon les nécessités de l'époque.

Pendant les douze premiers siècles de l'ère chrétienne, la confession était facultative ; ce ne fut qu'au commencement du treizième que le concile de Latran la rendit obligatoire une fois par an. La cérémonie se fit d'abord publiquement ; les chrétiens les plus zélés ou les plus audacieux, accusaient leurs fautes au milieu de leurs frères ou de leurs amis. Les nouveaux prosélytes reniaient en plein air leurs erreurs, leurs crimes, tout leur passé. Cette publicité bien que souvent sincère, grande et sublime, était toujours étrange. Peu à peu la confession auriculaire s'introduisit, seuls les confesseurs connurent les secrets des âmes. Pour rassurer les consciences alarmées, les lois canoniques prescrivirent au prêtre le secret de la confession sous peine d'une pénitence perpétuelle. Néanmoins de nombreuses protestations s'élevèrent contre le monopole arbitraire d'un culte dont l'omnipotence grandissait de jour en jour. Mais toutes ces protestations restèrent stériles ou inefficaces, jusqu'à l'époque où les calvinistes et la plupart des réformés rejetèrent solennellement la confession.

C'est qu'alors la confession était devenue un vrai commerce d'intérêt et d'immoralité. Chaque faute, chaque crime avait un tarif; le trafic criminel des choses spirituelles était devenu général. Une avidité insatiable de lucre ayant envahi les sanctuaires, la vénalité des confesseurs, avec ses honteuses déprédations poursuivait les pénitents jusqu'au chevet de l'agonie où, sous prétexte de pardon, on extorquait par conseils, par sollicitations, par menaces même, une partie des biens des moribonds. Accroître les richesses, augmenter l'influence étaient des accidents si prépondérants, qu'on les regardait comme les seuls motifs des secrètes révélations. L'histoire impartiale nous affirme qu'on exploitait encore la confession comme un auxiliaire, hélas ! toujours puissant dans l'exaltation de l'esprit des femmes, surtout de celles qui paraissent délaissées, que les années envahissent, que le monde abandonne.

A cette époque chevaleresque où les soins prévenants des épouses étaient regardés comme le plus grand adoucissement aux misères de la vie humaine, où la douceur naturelle, la délicatesse entrainante de l'esprit féminin, les charmes séduisants de la beauté, avaient pour ainsi dire fait diviniser les femmes, regardées comme des anges tutélaires de la famille, ou des gardiennes surhumaines de l'humanité, il fallait pour lutter avec ce culte divin de la femme, une puissance secrète d'autant plus dominatrice, que les dames de beauté, ainsi que les nobles châtelaines avaient une autorité absolue sur les chevaliers et les guerriers qui partageaient entre elles et la divinité leur amour et leur âme. Elles disposaient des volontés de ces riches mourants qui ne savaient pas sortir de ce monde sans invoquer la dame de leurs pensées. Lorsqu'on était maitre de l'être le plus charmant, mais le plus faible de la société, on possédait le plus intelligent et le plus fort. L'exaltation des femmes était pieusement cultivée; la confession était regardée comme un aliment toujours tout prêt à leur activité, une occupation que l'on rendait intéressante pour leur esprit flottant, en exagérant la grandeur ou la sublimité de leur mission.

La chevalerie s'est éteinte ; avec elle se sont évanouis les attributs surnaturels des femmes. Mais la puissance occulte a survécu; les épouses vont encore chercher des consolations, recevoir des conseils en dehors de l'union conjugale. Seules, sans la permission du mari, souvent malgré ses conseils ou ses ordres, elles vont découvrir les secrets les plus intimes du ménage. La fréquence de cette cérémonie où sont faites les questions les plus imprudentes, auxquelles malheureusement, répondent les femmes, n'ayant pas assez de hardiesse ou d'intelligence pour dire comme cette femme d'esprit à qui le confesseur demandait son nom : Mon nom n'est pas un péché; cette fréquence, dis-je, rend généralement vis-à-vis de leur mari, prétentieuses ou hautaines, les épouses qui glissent peu à peu sur la pente dangereuse de cette sotte présomption, qui les oblige à se considérer comme les premières conseillères ou les directrices suprêmes du ménage; car si les épouses dévotes donnent à Dieu la première place, elles réclament au moins la seconde.

Rien, en effet, n'étant plus impressionnable que le cœur des femmes, ni plus malléable que leur esprit, on peut les abuser sur leur rôle naturel, et leur faire croire que leur condition est d'être les arbitres de la maison ; alors ces anges du ménage en deviennent les démons. Leur zèle fanatique est encouragé par cette satisfaction qu'elles éprouvent lorsqu'on leur fait remplir le rôle pourtant honteux de dénonciatrices, ou le rôle présomptueux de juges; elles n'éprouvent plus de satisfaction dans les affaires pratiques, l'inquiétude les gagne au sein même des travaux domestiques; on dirait qu'il n'y a pour elles d'autre habitation agréable que celle de la pieuse cellule, comme il n'y a d'autre dépositaire des émotions de leur cœur, ou des secrets de leur âme que le confesseur célibataire. Alors le cœur du mari n'est plus le dépôt sacré des pensées ou des sentiments de l'épouse. Sa conscience, quelque droite qu'elle soit, devient suspecte à la dévote, qui harcelle son honnête mari, par des remontrances réitérées sur la liberté qu'il prend de ne pas se soumettre aux exigences de la confession. Le rôle de l'épouse à l'égard du mari est entièrement changé ; plus de grâces, plus de complaisances, plus de soins, plus de diligence, plus de confiance, plus de fidélité même, puisque le pardon complaisant du confesseur n'est qu'une invitation naturelle à répéter les infidélités.

Oh ! s'écrie l'épouse laborieuse et vertueuse ; vous me dites d'aller fréquemment vous exposer mes besoins, vous raconter mes fautes, épancher mon cœur dans le vôtre ; il faut donc que je devienne habituellement infidèle en face des autels où j'ai promis solennellement d'être fidèle ; il faut donc que je cesse d'avoir confiance en mon mari, mon seul chef, le seul dépositaire de toutes mes pensées comme de toutes mes affections ; vous ajoutez que mon mari a sur moi trop d'influence et que son impiété me précipite dans l'abîme ; mais un autre homme peut-il avoir plus d'intérêt que lui à la régularité ainsi qu'à la moralité de ma vie. Du reste en vous déclarant comme nous vivons, n'est-ce pas rompre le pacte auguste du mariage ; en vous dévoilant mes secrets puisqu'ils sont ceux de mon mari, n'est-ce pas violer tous mes serments ? Oh ! non, je ne mettrai jamais un autre homme entre mon mari et moi ; car je ne serais plus assez près de lui. J'ai promis ma foi à mon époux, je ne la violerai pas. Ma condition étant de veiller avant tout, à sa santé, à son bonheur, à sa prospérité je n'y faillirai jamais. Tout en remplissant mon vrai rôle d'épouse, j'inspirerai autour de moi la crainte du mal, le courage du bien, je consolerai ceux qui souffrent, je ferai goûter aux malheureux quelques commodités de la vie ; de cette manière, j'espère que ma prière sera bien faite.

Quant à mes révoltes personnelles contre la divinité,

si jamais je vais les déclarer à un homme, je ne le ferai pas sans la permission de mon mari, qui me laisse pourtant libre dans toutes mes attributions, mais je sais que la liberté doit s'arrêter où commencerait l'infidélité. Quoi qu'il en soit, je ne me livrerai jamais à une intimité étrangère, qui est aussi contraire aux mœurs de l'épouse qu'aux bienséances des femmes. Plutôt que de me laisser gouverner ou diriger par un autre que par mon mari dans mes affections comme dans mes inclinations, je vivrai dans la retraite la plus obscure, connaissant les passions et les faiblesses des femmes, je ne m'exposerai pas à soupirer pour un autre que mon mari, je ne chercherai pas à faire sauter ou palpiter le cœur d'un étranger quelconque, en confondant secrètement mon souffle avec le sien. Non, non, je n'irai pas grossir le nombre des victimes que fait cette intimité, qui murmure à voix basse les questions les plus indiscrètes, et demande aux femmes les secrets de l'âme d'un mari que je veux toujours aimer sincèrement et fidèlement.

Aimer sincèrement et fidèlement; admirable parole qui est toute la loi de la vie conjugale, toute l'harmonie de deux cœurs unis, lorsque l'amour de la femme trouve un écho fidèle dans le cœur du mari. Alors c'est le vrai amour de la famille, au caractère grand, aux affections intérieures, aux sentiments élevés; c'est l'amour de la paix, de la concorde, de l'union de deux cœurs et de deux âmes dans ses plus touchantes expansions; c'est l'amour chaste et pur, qui se repose sur un autre amour, possession de l'un et de l'autre; c'est l'amour qui grandit toutes les facultés, anime tous les sens; en lui tout vit, tout se confond; le cœur le reconnait, l'esprit le comprend, l'âme le vénère, les yeux le voient, les oreilles l'entendent, les mains le touchent. O grand arbre de l'union qui va chercher, jusque dans les entrailles de la famille, la nourriture du cœur de l'homme et de la femme! que la cognée cruelle de l'infidélité ne coupe jamais ta racine féconde, tu tomberais sous ton propre poids, étouffant sous tes branches, pourtant aimables, le bonheur et la vie du mariage.

Alors le spectacle changerait, le ciel se couvrirait, la tempête gronderait, l'orage éclaterait. Alors le lien conjugal se romprait, les affections s'éteindraient, le désordre entrerait par toutes les portes du foyer domestique. Il n'y aurait plus que caprices, jalousies, dérèglements, vengeances, cruautés, barbarie. O épouse aimante et fidèle qui avez promis de ne jamais prêter l'oreille aux paroles perfides ou empoisonnées, n'érigez jamais dans votre cœur aimant l'idole d'un amour étranger! Et toi, mari encore vertueux, souviens-toi que l'abus de l'amour est plus funeste que l'abus des richesses, plus fatal que l'abus des honneurs, plus cruel que l'abus de la santé, des grâces du corps et même de l'esprit.

Hâtons-nous maintenant de passer à d'autres qualités morales, qui n'ont peut-être pas la splendeur de la fidélité, mais qui n'en sont pas moins les ornements nécessaires de la condition de l'épouse. La vie de famille, naturellement si belle, est d'autant plus heureuse que l'épouse est plus digne dans la vie intérieure du ménage. Les destins du foyer domestique sont trop liés à ses vertus et à ses qualités, ainsi qu'à son bonheur et à son consentement, pour ne pas célébrer dans toute sa grandeur cette admirable condition : douceur, propreté, diligence, économie, sont tout autant d'attributs essentiels de l'épouse ; espérance et travail sont tout autant de sources de prospérité et de bonheur pour la vie conjugale.

L'importance de ces qualités est d'autant plus étendue que celles-ci marchent en tête de toutes les fonctions des femmes, accompagnant toutes les occupations domestiques, présidant au gouvernement de l'intérieur de la maison : elles sont toute leur science pratique.

En disant : toute leur science pratique, je ne prétends pas borner les facultés de l'épouse à la connaissance des dépenses d'un habit, des gages des domestiques, de la valeur d'un équipage, du prix d'un meuble, de la qualité des denrées, du service de la table ; car tout lui commande de travailler chaque jour à l'instruction, principalement la maternité qui approche, et conséquemment la nécessité de pouvoir discerner facilement les passions naissantes des enfants pour les contenir, de découvrir leur humeur, leurs tendances, leurs inclinations afin de les diriger avec sagesse et de les conduire avec prudence.

De plus, la carrière de l'épouse est généralement celle du mari. Que celui-ci soit avocat ou artisan, qu'il soit législateur ou cultivateur, il y a dans chaque profession, à différents degrés il est vrai, il y a des espérances, des défaillances, des joies, des anxiétés, des prospérités, des infortunes, des gloires, des humiliations. Or, l'épouse est appelée à partager toutes ces grandes émotions ; elle est destinée à se tenir derrière tout bonheur comme tout malheur, afin de modérer celui-là et de relever celui-ci.

Si le public ne voit pas quelquefois la sentinelle vigilante d'arrière-garde, qui passe inaperçue, le mari la connait, l'aime et l'appelle de tous ses vœux à son aide dans la joie, à son secours dans la tristesse ; il la réclame dans ses plaisirs, la souffre dans ses travaux ; en tout, il lui demande ses inspirations salutaires, et se plait à entendre l'écho de ses propres pensées, de ses sentiments, de ses actions dans le cœur et l'esprit de sa compagne. Comment donc la femme répondrait-elle à toutes ces avances, à tous ces désirs, si elle ne cultivait avec persévérance son intelligence, si elle n'augmentait chaque jour le patrimoine sacré de sa science.

Je dis d'abord qu'il importe qu'une maitresse de maison soit mûrement et amplement instruite du gouvernement intérieur de la famille ? Si certains esprits considèrent ces grands intérêts matériels comme trop ordinaires ou trop vils, ces esprits s'élèvent trop haut, et ne voient pas que ces intérêts sont tout à la fois indispensables afin de rendre le ménage plus heureux, l'épouse plus aimable, le mari plus raisonnable, l'homme et la femme plus justes envers eux-mêmes, envers leurs semblables, envers la société, envers la Providence elle-même.

Si, d'un autre côté, des maitresses de maison regardent ces mêmes intérêts comme trop vulgaires, elles oublient que la science domestique est la science naturelle et nécessaire des femmes, que les occupations du ménage sont un apanage honorable que la nature et la Providence ont accordé aux femmes douées d'un talent particulier pour accomplir leur mission spéciale ; dons simples mais précieux que cette nature et cette Providence ont refusés à l'homme afin de le décharger de tous les menus soins, de tous les minces détails qui absorberaient le temps précieux qu'il consacre à des occupations plus sérieuses, à des œuvres plus grandes. Que l'épouse s'applique de bonne heure au gouvernement de l'intérieur, sans oublier que ce gouvernement appartient à ses aptitudes naturelles, qu'il est son emploi prédestiné, et que, lorsqu'elle sera devenue mère, elle devra former sa fille à tous les soins domestiques ; or, si l'on veut devenir une mère intelligente, il faut commencer par être une épouse diligente.

Quant aux qualités qui contribuent à rendre prospère le gouvernement intérieur de la maison, je mets en première ligne, l'économie généreuse : qualité éminemment morale que cultivaient soigneusement les femmes vertueuses des anciens Grecs et des vieux Romains, vertu humblement glorieuse qui fait triompher les femmes des dépenses inhérentes aux besoins de la famille, et leur permet non seulement ces abondantes provisions qui, dans la disette, pourvoient à ces mêmes besoins, mais ces réserves bienfaisantes avec lesquelles on habille, on nourrit les orphelins, devenus les enfants adoptifs de mères providentielles.

Néanmoins l'économie, pourtant si honorable, est regardée par les femmes oisives ou prétentieuses, riches ou puissantes, comme un emploi bas, convenant seulement aux servantes, aux femmes de charge. L'auteur immortel de l'adorable Télémaque dit, avec un grand sens pratique, dans son *Traité de l'éducation des filles* : « Ce n'est » pourtant que par ignorance, qu'on méprise cette » science de l'économie. Les anciens Grecs et les

» Romains, si habiles et si polis, s'en instruisaient
» avec un grand soin ; les plus grands esprits d'entre
» eux en ont fait, sur leurs propres expériences, des
» livres que nous avons encore... Après tout, la solidité
» de l'esprit consiste à vouloir s'instruire exactement
» de la manière dont se font les choses qui sont les
» fondements de la vie humaine ; toutes les plus grandes
» affaires roulent là dessus. Il faut sans doute un génie
» bien plus élevé et plus étendu pour s'instruire de tous
» les arts qui ont rapport à l'économie, et pour être en
» état de bien policer toute une famille, qui est une
» petite République, que pour jouer, discourir sur des
» modes et s'exercer à de petites gentillesses de conver-
» sations. C'est une sorte d'esprit bien méprisable, que
» celui qui ne va qu'à bien parler : on voit de tous côtés
» des femmes dont la conversation est pleine de maximes
» solides, et qui, faute d'avoir été appliquées de bonne
» heure, n'ont rien que de frivole dans la conduite.

« Mais, ajoute Fénelon, les femmes courent risque
» d'être extrêmes en tout... Craignez aussi que l'éco-
» nomie n'aille en elles jusqu'à l'avarice, » prévoy[ante]
leçon après une invitation aussi pressante à songer au
lendemain. Rien, en effet, n'est plus dégradant dans la
famille, que ce vice sordide, qui fait rechercher les
biens de la fortune par des moyens que l'honneur
repousse, ou que la conscience réprouve, qui fait amasser
pour le ridicule plaisir d'entasser ; il stérilise tous les
sentiments généreux, enfante une multitude de souffrances, peut-être plus cruelles que celles que laisse
derrière elle la prodigalité la plus insensée.

O épouse soigneuse et laborieuse, cultive généreusement l'économie, mais évite fièrement l'avilissante avarice répandant la misère au sein d'une abondance, qui triple la souffrance.

Mais l'économie généreuse ne peut marcher seule ; car elle est toujours précédée ou suivie de la vigilance, de l'ordre et de la propreté ; trois brillantes qualités qui entourent la laborieuse maitresse d'une glorieuse auréole. Quoi de plus précieux, en effet, que la vigilance constante pour une maîtresse de maison, qui doit surveiller par elle-même tout ce qui intéresse cette maison ! Que la surveillance prévient de fautes, lorsque ceux qui doivent les commettre, savent qu'elles ne passeront pas inaperçues ! Quel honneur, quel mérite dans cette vertu féconde ! Nos ancêtres la vénéraient tellement qu'ils plaçaient sur leurs drapeaux un coq, emblême de la vigilance. Quoi de plus puissant encore pour assurer l'ordre et la propreté ! la femme vigilante ne peut souffrir rien de dérangé, ne peut voir rien de sale ; elle sent que son honneur consiste à tenir chaque chose en sa place, et que rien ne doit être mis en sa place avant d'avoir été essuyé ou nettoyé. Afin de n'être jamais surprise par une visite inattendue, elle remet fidèlement chaque objet après s'en être servi, à l'endroit qui lui convient. Rien de poudreux, rien de sale, tout brille, tout éclate. Quelle fierté légitime pour une femme qui peut recevoir à toute heure dans sa maison ! comme cette exactitude diligente la rehausse aux yeux des étrangers, comme cette gloire féminine rejaillit sur toute la famille, comme tous ces soins prévoyants conservent à la vigilante épouse l'estime, en même temps que l'amitié de celui à qui son sort est uni ! Comme cette continuité de bien-être glorieux contribue à maintenir dans le tempérament si impressionnable des femmes l'égalité d'humeur! Comme elle communique à toutes leurs paroles, à toutes leurs actions une charmante douceur! qualité surhumaine, vertu angélique, puissance souveraine.

En effet, lorsque les femmes parlent avec affection, sans hauteur et sans aigreur, qu'elles adressent des ordres à leurs domestiques, ou qu'elles donnent des conseils à leur mari, les ordres sont exécutés avec respect, et les conseils sont écoutés avec déférence. Il n'y a pas une servante, pas un valet parmi les plus incorrigibles, qui ne se soumette, momentanément peut-être, mais enfin qui ne se soumette aux observations douces et bienveillantes des maitresses. Il n'y a pas un mari, serait-il l'homme le plus emporté ou le plus confiant dans sa supériorité, qui ne se calme devant les représentations amicales, et ne se rende aux affables invitations d'une épouse qui sait parler sans emportement. Les hommes les plus légers ou les plus récalcitrants ne peuvent résister à la puissance d'une femme, qui sait attendre que le premier moment de la vivacité soit passé, et qui sait répondre aux emportements par de douces paroles ou des caresses bienveillantes. Que de charmes, que de noblesse, que de puissance dans la patiente douceur d'une femme!

Je viens de montrer que le grand talent de la femme est de plaire à son mari, de lui être fidèle, en conservant son estime et son amitié par toutes ces qualités qui honorent l'épouse. J'ajoute que le devoir du mari est de correspondre généreusement, à toutes les fidèles amabilités, en secondant l'épargne honnête de la femme, en favorisant ces grandes idées d'ordre, de propreté et de vigilance, en répondant aux sentiments si agréables de la douceur par les sentiments de l'amour, en laissant son épouse libre dans sa souveraineté comme dans ses facultés. J'adresse donc au jeune mari cette belle invitation de Rousseau pour l'enfance : « Laissez » longtemps agir la nature avant de vous mêler d'agir à » sa place de peur de contrarier ses opérations » invitation que je lui conseille de mettre en pratique, quand même tout ne marcherait pas au gré de ses désirs ; car celui qui ne sait pas supporter un peu, peut s'attendre à supporter beaucoup.

Nous sommes à la plus belle époque du mariage ; tout est moral, tout est vertueux ; tout respire la prospérité, le bonheur et la santé. Mais l'épouse doit-elle et peut-elle se renfermer strictement dans le cercle auguste de la famille, restant fidèlement la gardienne du foyer domestique, sans aller, comme le mari, chercher à l'extérieur un salaire quelconque ? Bel idéal si les besoins du présent et surtout ceux de l'avenir, n'obligeaient le plus grand nombre des femmes à se procurer ce salaire, aujourd'hui nécessaire, demain indispensable.

Lorsqu'une jeune fille choisit une carrière, elle appréhende de s'aventurer dans une nouvelle existence qu'elle soupçonne dangereuse et pleine de périls ; elle craint de s'exposer à mille regards avides. Sa mère expérimentée tremble pour un honneur que la pudeur seule peut conserver, pudeur, hélas ! qui peut s'évanouir dans une première faute. Pendant que la jeune fille remplit sa carrière loin d[illegible] domestique, les mêmes frayeurs assaillent continuellement les mêmes esprits ;

il tarde à des parents toujours inquiets de faire une épouse de leur fille, dans l'espoir que le titre d'épouse est un abri contre la séduction.

Après avoir travaillé plusieurs années loin du foyer domestique, la jeune fille se marie apportant à son époux une dot dont elle a gagné la majeure partie, ou qui est tout entière le fruit de ses labeurs, lui offrant un cœur qu'elle a su conserver intact au milieu de tant de périls. Mais le rôle d'épouse va-t-il l'exempter d'une occupation extérieure ? Ne sera-t-elle pas obligée d'aller de nouveau travailler au dehors afin d'ajouter l'appoint du ménage et de préparer des ressources pour les nécessités futures ?

Cette condition de l'épouse paraît avec raison triste et déplorable ; mais je la vois encore moins triste et moins déplorable que celle qui serait créée par l'oisive indigence ! car coûte que coûte, il vaut encore mieux vaincre les besoins. Or, comment les vaincre sans le travail ? Le système d'exclusion qui interdit à l'épouse toute autre carrière que celle de l'intérieur de la maison est certainement très louable, puisqu'il est inspiré par un respect affectueux pour la délicatesse du cœur des femmes, et par une tendre sollicitude pour la faiblesse de leur corps. Il repose sur cette grande pensée qu'il faut développer constamment chez l'épouse les intéressantes qualités dont je viens de parler. Or, ces qualités pourraient-elles être fidèlement cultivées ailleurs que dans l'intérieur de la maison ? Qui dit maîtresse toujours à la tête des fonctions domestiques, dit ordre parfait, propreté admirable, nourriture exactement préparée, vie continuellement agissante au foyer domestique. Si le mari fatigué au sortir des champs ou de l'atelier, rentre au sein du ménage, il y rentre joyeux parce qu'il sait que tout est bien disposé pour lui permettre de réparer ses forces, afin que le lendemain il puisse aller gaiement reprendre sa place de cultivateur ou d'ouvrier.

Malheureusement, ce n'est, pour beaucoup de femmes, que le système d'une touchante idéalité. Si l'on excepte les ménages doués de la fortune, les artisans aisés, et les cultivateurs humains qui ne demandent aux femmes qu'une aide de circonstance aux époques pressantes des récoltes, il faut se résigner à voir dans une grande partie de la classe ouvrière, principalement dans les centres industriels, dans les vallées manufacturières, le mari et l'épouse courir au travail le matin, pour ne se revoir que le soir, afin de jouir de quelques instants de repos, qui séparent deux longues journées de labeurs.

Du reste, tout se fait d'un commun accord, et si l'ordre matériel du ménage est un peu troublé, l'ordre moral est intact. Malgré des lacunes, soit dans la propreté, soit dans la régularité, la paix intérieure est encore complète. Le salaire d'une double journée répare les brèches ; l'appoint que fournit le travail de l'épouse, cicatrise la plaie de son absence ; car c'est souvent un surcroit de ressources qui permet au jeune ménage de faire confectionner des vêtements moins sombres ou plus chauds, de prendre une nourriture peut-être moins délicatement préparée, mais plus fortifiante, et de célébrer gaiement le jour que les ouvriers laborieux consacrent à un repos bien mérité.

Que ne peut-on acquérir ces derniers avantages en

laissant les femmes à la maison ! Que ne peut-on éviter la cruelle absence de l'épouse ! La vie a donc des nécessités invincibles ou insurmontables ! Le mal qui a sa racine dans la nature humaine est donc incurable ? Oh ! si nous ne pouvons extirper ce mal, tâchons de l'atténuer, en perfectionnant le bien qui l'environne.

Bien des moralistes, remplis des meilleurs sentiments pour la classe intéressante des ouvrières, ont cherché un remède à cette situation douloureuse. Les uns demandent l'augmentation des salaires ; d'autres ne voient la guérison de ce mal persistant que dans la réforme des mœurs ; quelques-uns plus parfaits, et voulant une société parfaite, déclarent nécessaires les deux remèdes en les regardant comme inséparables, si on les veut réellement efficaces.

L'augmentation des salaires est une question éminemment humaine dont la solution dépend de la prospérité de l'industrie et de la raison généreuse des patrons. Les théories judicieuses des économistes distingués, les appels chaleureux des hommes politiques qui, tout en obéissant à leurs inclinations naturelles, trouvent dans cette augmentation un aliment favorable à leur popularité, impriment sans doute un élan quelquefois décisif pour la solution de cette question brûlante. Mais pour que cette solution soit pratique et durable, il faut qu'elle soit la conséquence raisonnable de la comparaison du capital des bras avec le capital de l'argent. A chaque baisse comme à chaque hausse, à chaque mouvement ascensionnel comme à chaque mouvement rétrograde, il faut, entre l'ouvrier et le patron, une entente fraternelle qui pourvoie généreusement dans la prospérité et suffisamment dans le malheur aux besoins comme aux nécessités du premier sans détruire les bénéfices et les espérances du second.

La classe ouvrière est certainement la plus vaillante, la plus dévouée, la plus affectueuse et la plus méritante. Elle est pour la famille comme pour la société, un immense trésor de complaisance, d'amour et de sacrifices. Ses vertus aussi fécondes que laborieuses, aussi humaines que bienfaisantes, aussi courageuses qu'héroïques, méritent à tous les titres la sollicitude des classes douées de la fortune.

Mais sollicitude ne signifie pas exigence ; les patrons les plus humains comme les plus intelligents sont obligés de mesurer les salaires à la concurrence étrangère, à la main-d'œuvre à bon marché, aux pertes inattendues ou imprévues. Je me tais sur ces aventuriers inhumains qui, pour se créer en quelques années des revenus abondants, ensanglantent sans pitié le corps épuisé de malheureux ouvriers et de travailleuses infortunées, sans leur donner de quoi cicatriser des plaies toujours saignantes. Il y a donc des droits et des devoirs réciproques, des jouissances et des souffrances communes. Néanmoins, pour l'ouvrier, générosité au nom de l'humanité ! générosité au nom de la justice !

Car on peut dire à la gloire des travailleurs que dans toutes les crises, dans tous les désastres, les familles ouvrières sont toujours les plus résignées. Si les riches, en effet, distribuent pompeusement quelques pièces de monnaie, puisées dans le superflu de leurs plaisirs, les travailleurs donnent à de plus pauvres qu'eux une obole qu'ils glanent dans leurs petites économies, un morceau de pain qu'ils volent à leur frugal ordinaire. Pourquoi donc dans les ateliers privés, tant de réformes économiques, tendant quelquefois soit à diminuer les salaires et surtout celui des femmes, soit à augmenter les heures de la journée de travail, sans changer les salaires? Pourquoi dans les manufactures de l'Etat, l'ouvrière la plus habile, la plus diligente ne peut-elle se suffire que parcimonieusement? Pourquoi s'y livre-t-elle à dix ou douze heures de mortelles occupations, sans pouvoir espérer la plus légère économie pour un lendemain qui l'effraye? Nous comptions tout à l'heure avec le capital des bras et le capital de l'argent, le capital de la santé n'est-il pas aussi précieux; ne pèse-t-il pas autant que les autres dans la balance de l'humanité et de la justice?

Les femmes laborieuses, les ouvrières honnêtes, rougissant de courir d'hospice en hospice, préférant les douleurs les plus déchirantes à la honte de s'adresser à la bienfaisance publique ou à la charité privée, endureraient donc les souffrances agonisantes de la maladie sans pouvoir les soulager, avec les économies d'un travail qui les a terrassées! oh! alors, je m'écrie du plus profond de mon cœur, en m'unissant à cette pléiade d'économistes humains appartenant à tous les partis, à toutes les opinions; à cette phalange de politiques généreux, qui arborent avant tout le drapeau de la fraternité: amélioration dans les journées de travail, augmentation des salaires, et surtout de celui de la femme.

Voilà le moyen matériel de répandre le bonheur dans la famille, et de fixer ensuite, après quelques essais de courage, l'épouse au foyer domestique. Ces essais laborieux, le plus souvent nécessaires les premières années de mariage, ont permis de compléter le trousseau et le mobilier, même d'acquérir quelques avances. Il s'agit maintenant d'entretenir l'un et l'autre, de conserver non seulement les avances, mais de les augmenter peu à peu, serait-ce denier par denier. Si on ne veut pas renouveler la terrible situation de la femme éloignée de la maison, le mari ne laissera pas une partie de sa paye au cabaret, gouffre absorbant qui engloutit tous les salaires. L'épouse compensera le manque de son appoint, par un redoublement de vigilance, de soin et d'économie. Tous les deux proportionnant les dépenses aux recettes se prémuniront contre un avenir incertain. Autrement les maladies inévitables seraient plus douloureuses, les privations plus cuisantes, les habitudes du bien-être rendant plus amères les déceptions.

Enfin, le passage de la femme dans la vie active des ateliers et des manufactures renferme dans son malheur un avantage immense. Non seulement il lui montre que le travail n'est le salut de la famille qu'à condition que l'économie en sera la fidèle gardienne; il lui apprend encore le moyen de suffire elle-même à son existence, et de ne pas désespérer le jour douloureux qui, tôt ou tard, peut ravir à ses affections l'auguste objet de son amour, sa force et son soutien.

Certes, toutes les femmes sont destinées au bonheur d'avoir des enfants ; toutes les femmes peuvent devenir veuves. Que devient leur existence, lorsque le mari quitte la terre pour passer dans ces régions inconnues qu'on appelle l'éternité, si elles ne connaissent pas un métier quelconque ? comment pourront-elles s'entretenir ? comment pourvoieront-elles aux besoins nécessiteux de la famille ? Il faudra donc qu'au milieu des plus terribles angoisses, elles comptent les larmes, les soupirs de leurs enfants, et qu'en reposant d'un demi-sommeil, elles les entendent, dans un éternel désespoir, s'écrier en vain, d'une voix déchirante : J'ai faim.

Sans aborder ces situations extrêmes, lorsque la femme ne peut vivre au jour le jour que du salaire du mari, son unique ressource, que devient son sort, si le mari, pour une faute ou pour une opinion, est mis en prison, si la patrie en danger appelle ses enfants pour défendre les frontières menacées, ou garder les forteresses assiégées. Oh ! condition précaire d'une épouse qui ne peut de ses propres mains gagner un salaire quelconque !

Travail, donc, pour toutes les femmes qui ont assez de force et de santé, travail dans l'intérieur de la maison autant que faire se peut ; dans le malheur, travail au dehors, au nom de l'admirable solidarité de la famille ! Certes, c'est dans l'association que les hommes trouvent leur vraie intelligence, leur vraie force pour conquérir l'avenir; or, entre l'homme et la femme il n'y a pas seulement association, mais union indissoluble, union des cœurs, union des âmes ; donc, travail pour le perfectionnement de cette auguste union ! travail pour prévenir les besoins futurs ! travail pour remplir de gaieté, de jouissances, les riches comme les modestes ménages ! travail pour tarir les larmes amères de l'oisiveté ! travail pour bannir l'ennui mortel de l'indolent repos ! travail pour purifier les consciences ! travail pour réchauffer les cœurs ! travail pour ranimer les âmes !

Qu'on ne dise pas que les hommes, comptant sur la

prodigieuse activité de certaines femmes, se livrent plus facilement à la débauche ! on ressemblerait à ces esprits rétrécis qui regardent comme mauvaise l'augmentation des salaires, parce que de malheureux ouvriers trouvent dans cette augmentation un aliment perpétuel à l'ivrognerie.

Sans doute, plus les ouvriers gagnent plus ils peuvent démesurément satisfaire leurs goûts dépravés ; mais aussi, plus ils peuvent augmenter les ressources pour le bien-être de la famille, et facilement accroitre les précieuses réserves pour la maladie ou la vieillesse. Ce n'est donc pas le travail, ni l'augmentation des salaires qu'il faut accuser des déplorables coutumes d'une certaine partie de la classe ouvrière, qui se plonge, le samedi de la grosse paye, dans le fond d'un cabaret, et n'en sort que lorsque la bourse épuisée et les forces trop abattues réclament l'étroit cordon et l'invincible sommeil, ou lorsque l'épouse infortunée, qui a pourtant préparé un modeste régal, faisant taire tous les sentiments de la honte, s'aventure au milieu de la nuit afin d'aller recueillir un homme que la raison a délaissé ; la veille un ouvrier laborieux, aujourd'hui un ivrogne avili.

Oui, dans certains foyers de l'industrie, dans certaines villes florissantes par leur commerce, les habitudes de l'ivrognerie, malheureusement trop fréquentes, sont désastreuses, et la misère la plus abjecte apparaît au sein de l'abondance généreuse du travail. Pourquoi ces habitudes ruineuses ? parce que dans ces centres comme dans ces villes, les mœurs manquent, la force morale manque, la politesse manque, la fierté manque, le respect manque, l'amitié conjugale manque. Du reste, ces abus honteux ne sont ni de tous les temps, ni de tous lieux ; tandis que toujours et partout les ouvriers respectueux d'eux-mêmes, amis de leur famille, n'ont jamais eu et n'auront jamais la dégradante habitude de consommer en une journée le tiers ou le quart d'une paye si péniblement gagnée. Tout leur plaisir est de l'apporter tout entière à leur épouse affectueuse et affectionnée qui la verse dans la caisse de la famille. Générosité donc dans les salaires, au nom de la vie de famille, au nom de la prospérité des ateliers ; travail persévérant et constant chez les maris ; travail d'appoint ou de surcroît chez les épouses, travail toujours, travail partout, au nom de la moralité des peuples, au nom du salut de la famille.

A ces appels réitérés du travail, on pourrait croire que je voudrais voir constamment dans les mains de l'épouse l'aiguille ou la navette. Cette pensée est pourtant bien contraire à la doctrine que j'ai développée dans tout le cours de cet ouvrage. Comment pourrais-je, en effet, exiger de l'épouse ce que je n'ai pas demandé pour la femme ? Mais, dans la vie de famille, il y a des situations, et ces situations sont nombreuses, où tous les membres sont obligés de consacrer leur temps et leurs forces chacun à des métiers ou à des professions quelconques, afin de pourvoir aux besoins nécessiteux du ménage. Alors l'épouse qui se respecte préfère la situation des sacrifices à celle de la honte. Elle rentre résolûment dans la lice afin de combattre à côté de l'époux, se disant avec raison : Si deux athlètes unis contre des forces ennemies partagent le prix après la victoire, l'homme et la femme, après le travail, reçoivent un double salaire qu'ils placent gaiement dans la bourse commune, afin de passer fièrement une existence honnête et indépendante.

Il ne me reste à ajouter aux grandes considérations de courage et de valeur qui précèdent, qu'une prière que l'humanité et l'honneur adressent à tous les directeurs d'ateliers, comme à tous les chefs de l'industrie, c'est que les ouvrières ne soient plus astreintes à une journée de travail aussi longue que celle des ouvriers. Si, comme nous l'avons vu, les femmes ne sont pas faites pour aller se pencher sur le bord d'un sillon, conduire un attelage, porter d'énormes bottes de foin, de lourdes gerbes de blé, leur corps n'est pas destiné à succomber sous un autre faix. Or, à l'atelier comme aux manufactures, les femmes les plus courageuses, les plus robustes, cèdent souvent à la fatigue de ces terribles journées qui, le soir, désespèrent les ménagères les plus vaillantes.

Lorsque les épouses sont assez heureuses de pouvoir s'occuper à l'intérieur, elles peuvent à leur volonté partager les heures de la journée entre les soins, l'ordre, la propreté qu'exige la maison et le service de l'industrie particulière, de la profession ou du commerce. Si la fatigue les gagne, elles sont libres de prendre du repos. Mais si les maîtresses de maison travaillent au dehors, et nous avons vu que le travail extérieur n'était pas incompatible avec la condition de l'épouse, non seulement elles restent éloignées de leurs fonctions naturelles pendant six ou douze heures, selon qu'elles se rendent ou non à la maison à l'heure du dîner, mais souvent, après une journée écrasante, elles sont obligées de faire une longue course, afin de parcourir la distance qui sépare l'atelier de la maison. Pendant le trajet, les femmes achètent quelques légumes pour faire le bouillon, un peu de viande pour reconstituer les forces du mari et les leurs. Après la pénible tâche de l'ouvrière, vient la tâche désespérante de la ménagère. Comment remplir celle-ci, même imparfaitement, si un certain temps n'est pas accordé gratuitement aux femmes sur les heures ordinaires de la journée ? Le travail qui grandit et honore les ouvriers et les ouvrières ne pourrait-il pas devenir funeste à la condition de l'épouse, un malheur pour le ménage, en ruinant la santé des femmes, en rendant impossible le rôle naturel de l'épouse, qui ne peut même aérer un logement quelquefois insalubre ou infect, et se voit obligée de se reposer en plein air vicié !

Il y a tant de détails dans les fonctions des ménagères ! C'est une chambre à balayer, un lit à faire, un feu à éclairer, un repas à servir, du linge à raccommoder. Comme ses instants sont précieux ! Comme ses excellentes dispositions doivent être encouragées ! Quel honneur pour les patrons qui secondent les grandes qualités de l'épouse ! Quelle honte aussi pour les aventuriers nomades qui ne craignent pas de ruiner la santé des travailleuses, en les désespérant, en les obligeant tôt ou tard à tourner leurs tristes espérances vers l'oisiveté, et finalement vers la mendicité. Je m'écrie donc de toute mon âme : Chefs d'industrie, soyez humains et généreux envers les ouvrières, vous ferez des ouvrières reconnaissantes et laborieuses.

Poursuivons et voyons quels sont les droits de l'épouse qui vient de montrer qu'on peut être ouvrière diligente en même temps que femme vigilante ; examinons quelle condition lui fait la loi vis-à-vis du mari. Si nous interrogeons la nature, elle nous répond : le mariage, sacrement de la justice, lien indissoluble de deux cœurs et de deux âmes, rend la femme égale à l'homme, puisqu'il en fait sa compagne. Les mœurs semblent proclamer cette égalité. Mais la nature et les mœurs ne marchent pas toujours au pas avec la loi. Celle-ci déclare, en effet, que le mari exerce seul l'autorité ; que lui seul est le chef de la communauté ; que lui seul peut administrer, que lui seul peut acquérir ou aliéner ; que lui seul peut prendre au foyer domestique des gens à son service ; que lui seul peut les congédier ; quelle omnipotence pour le mari, quelle servitude pour l'épouse, quelle barbarie sociale, si la loi n'avait pas écrit dans le code, en tête des droits et des devoirs respectifs des époux : Les époux se doivent mutuellement fidélité, secours, assistance ; si elle n'avait pas encore fait précéder le commandement de l'obéissance de la femme au mari, de ces paroles humaines, le mari doit protection à sa femme.

Néanmoins la loi, quoique sage et prudente, n'en est pas moins exigeante envers l'épouse ; elle n'en livre pas moins au mari sa fortune ainsi que sa personne, quand même l'égalité civile des deux sexes est un principe fondamental de la législation moderne. On peut vraiment se demander pourquoi cette égalité cesse avec le mariage ? Pourquoi l'acte le plus solennel, le plus social, fait de la femme une éternelle mineure, et de l'homme un maître presque absolu des biens et de la personne de la femme ? Au premier abord, on reste silencieux, stupéfait en lisant dans le même code, égalité de l'homme et de la femme, inégalité de l'épouse et du mari ; car, pourquoi la loi du mariage proclame-t-elle l'incapacité féminine, et comment, en proclamant cette incapacité, peut-elle concilier la liberté de l'épouse avec la puissance du mari?

Et pourtant toutes les législations ont reconnu l'incapacité civile de l'épouse ; le code de tous les peuples a déclaré la condition des femmes mariées inférieure à celle des hommes. Chez les nations les plus policées, les droits civils des femmes ont été placés sous l'autorité maritale. Dans les pays de la liberté, au sein de la Grèce, l'épouse était punie par la loi lorsqu'elle manquait aux devoirs de l'obéissance conjugale, le législateur accordait au mari un droit absolu de correction. A Rome, l'épouse possédait, il est vrai, trois sortes de biens : les biens dotaux, les biens paraphernaux et tous ce qu'elle apportait dans la maison du mari pour ses besoins particuliers. Mais elle ne pouvait jouir d'aucun de ces biens sans l'autorisation ou la permission du mari ; elle ne les possédait réellement que pour les reprendre à la dissolution du mariage. De plus, si dans le cours de la vie conjugale, l'épouse faisait une acquisition quelconque la loi, toujours avare à l'égard de la femme, l'accordait au mari, quand même la loi naturelle protestait secrètement.

Cependant les lois romaines devinrent peu à peu plus favorables aux femmes. Pour récompenser la vertu des femmes mariées, elles leur permirent d'entrer en partage et en société de biens avec leurs maris. Si ceux-ci mouraient les premiers, l'épouse était admise à partager les biens avec les enfants; elle était même seule héritière lorsque son mari mourait sans faire de testament et sans postérité. Ces avantages paraissent fondés sur la justice; car la femme, par le mariage, entre non seulement en société de charges, de peines, mais en union de pensées, de sentiments et d'existence avec le mari; l'équité ne peut donc que demander qu'elle entre aussi en partage de la fortune de celui avec qui la nature l'a si intimement unie.

Le droit moderne s'est approprié cette institution, en faisant du mari l'administrateur suprême en même temps que le gardien fidèle de tous les biens de l'épouse. Sous le régime de la communauté, dit l'article 1428 du code civil, le mari a l'administration de tous les biens personnels de la femme. Il peut exercer seul toutes les actions mobilières et possessoires qui appartiennent à la femme.

Des moralistes aussi recommandables par leur jugement que distingués par leur science ont vu dans ce pouvoir excessif du mari une sujétion de l'épouse. Mais cette sujétion n'est qu'un hommage rendu par la femme au pouvoir qui la protège, une suite nécessaire de la société conjugale qui ne pourrait subsister, si l'un des époux n'était pas subordonné à l'autre. Du reste, le même article ajoute : le mari ne peut aliéner les immeubles personnels de sa femme sans son consentement. Il est responsable de tout dépérissement des biens personnels de sa femme, causé par d'actes conservatoires. Le mari ne peut donc exercer que dans son intérêt, en même temps que pour la conservation des droits de sa femme.

Quant aux biens de la communauté, l'article 1421 dit que le mari n'en a pas seulement l'administration, mais qu'il peut les vendre, aliéner et hypothéquer sans le concours de la femme. Ce droit paraît encore plus exorbitant que le précédent. Néanmoins la loi n'a pu donner au mari ce pouvoir absolu que dans l'intérêt même de la communauté. Car, si le mari peut perdre les biens communs, il peut aussi les rendre plus prospères et plus fructueux, ce qui est généralement plus fréquent. Or, s'il n'a pas une liberté complète, comment pourra-t-il embellir ces mêmes biens ? Comment surtout pourra-t-il les accroître ? Oserait-il acheter avec ses propres économies, ou avec des dons particuliers, un bien qu'il ne pourrait revendre le lendemain, quand même une heureuse occasion de profit se présenterait, pourrait-il enchaîner sa propre bourse au préjudice de ses propres intérêts ?

Dans le régime de la communauté la plupart des femmes sont généralement favorisées, puisque à sa dissolution, elles partagent les biens qui existent alors, et le plus souvent ces biens sont dûs aux sueurs ou à l'industrie du mari. Bien plus, la loi qui donne au mari ce pouvoir quelquefois trop étendu, lui impose en même temps l'obligation quelquefois trop rigoureuse d'acquitter sur ses biens personnels les dettes qu'il a pu contracter au nom de la communauté.

Ainsi, voici un mari laborieux, confiant dans l'avenir, qui achète une propriété où la charrue infidèle traçait de rares sillons, où le cultivateur négligent n'apportait ni soin ni travail. Les herbes ruineuses, les ronces envahissantes couvrent le sol pourtant riche et fécond.

Mais plein d'espoir, le nouveau propriétaire défriche, laboure, sème et plante abondamment. La nature malade rend la terre ingrate. Néanmoins, l'ardeur du mari ne se ralentit pas. Toujours confiant, toujours persévérant, il consacre aux améliorations ses revenus personnels ; après les avoir épuisés, il fait même appel à la bourse d'un ami, contracte des dettes, le tout au profit de la communauté. Des malheurs, des désastres même, renversent tous ses projets, annulent toutes ses espérances, et malgré des dépenses excessives, la propriété ne vaut que ce qu'elle valait. Les infortunes s'accumulent, la société est dissoute ; l'épouse qui n'a rien fait, qui n'a rien sacrifié, peut prendre intégralement, et sans aucune charge, la moitié des biens existant alors ; tandis que l'infortuné mari, qui a sacrifié sa bourse, et plus que sa bourse, est obligé de payer les dettes qu'il a pourtant contractées en vue de la prospérité commune.

Qu'on ne croie pas que cet exemple soit rare ; c'est un fait de tous les jours, de tous les instants. Ainsi, la femme qui parait déshéritée par la loi du mariage, est souvent plus favorisée que le mari.

Sans doute bien des épouses supportent, à leur tour, des pertes irréparables, et subissent en même temps l'injure ou l'outrage. Riches ou pauvres, elles peuvent avoir un mari débauché, dissipateur, inhumain, barbare, disposant en souverain de la dot, privant son épouse de ses revenus personnels, l'obligeant à lui demander pour ses besoins urgents quelques pièces de monnaie, ne lui délivrant ces pièces qu'avec un assaisonnement de grossièretés ou d'injures ; sujétion plus humiliante que l'indigence ; vendant enfin, pour pouvoir aller au cabaret, le lit de la chambre nuptiale, la table du ménage, la huche elle-même.

Pourquoi l'article 1422 du code civil donne-t-il sans réserve à cet homme sans cœur et sans mœurs, le pouvoir de disposer librement des effets mobiliers, à titre gratuit et particulier, au profit de toutes personnes, pourvu qu'il ne s'en réserve pas l'usufruit ? Pourquoi la loi n'a-t-elle pas excepté des objets aussi sacrés ? Pourquoi permet-elle à un monstre de s'emparer insolemment d'un lit qui appartient à sa femme, et que celle-ci garde comme un précieux souvenir de sa mère ? Pourquoi souffre-t-elle que ce père barbare emporte le coffre où l'on pétrit, où l'on serre le pain de la famille ?

L'épouse, dira-t-on, peut demander la séparation des biens, mais c'est souvent une nécessité plus cruelle encore que les privations les plus barbares, que les souffrances les plus inhumaines. Encore pour l'obtenir, faut-il que sa dot soit en péril, que l'existence des enfants soit menacée ! Or, le mari peut s'arrêter où la loi lui crie, halte : se contentant de priver sa femme de tout ce qui lui plaît, de tout ce qui la récrée ; l'empêchant de faire un cadeau quelconque, de soulager un parent, une amie : Angoisses aussi humiliantes que l'injure, aussi terribles que la faim.

Et dire que malgré ces abus étranges, le système de la loi accordant plein pouvoir au mari, est le seul qui convienne à l'union conjugale, où il faut nécessairement un chef, un maitre. Or, les femmes ne devant pas gouverner les hommes, ni leur imposer leurs volontés, pourquoi les épouses prendraient-elles le rôle de suprême directrice ? La condition de l'épouse ne saurait être contraire à la nature féminine. Son sort perpétuel est de dépendre d'un chef, du père comme fille, du mari comme épouse. La nature lui a destiné le premier pour maître, la société lui donne le second, qu'elle a reconnu librement en déclarant solennellement qu'elle consentait à être soumise à l'autorité maritale, dépendance d'autant plus salutaire que l'autorité paternelle n'est que la vigilante protectrice du corps et de l'âme de sa fille, la fidèle gardienne de ses vertus ; soumission d'autant plus facile que l'épouse porte dans son cœur une puissance plus grande que celle qui découle de l'autorité d'un texte de la législation. La loi, en effet, a beau proclamer la souveraineté du mari dans la famille, en pratique, toutes les épouses intelligentes, laborieuses et surtout aimantes, sont les reines du foyer domestique, captivant le chef par leurs grâces et leurs charmes, dominant le maître par leur finesse et leur esprit.

Toutefois, le mari, étant responsable, a nécessairement des droits légitimes sur toutes les actions de l'épouse. Le plus auguste de ses droits est celui qu'il possède sur son corps. Si la loi se tait sur un tel pouvoir, c'est que le législateur n'a pas cru nécessaire d'introduire cette clause dans les droits et devoirs respectifs des époux, craignant sans doute d'offenser la nature.

Nous trouvons un grand exemple de cette doctrine aussi morale que conservatrice, chez les Germains dont les mœurs, selon Tacite, étaient aussi pures que les mariages étaient chastes. Avant la grande alliance, les jeunes gens et les jeunes filles ignoraient les rapports sexuels. Mais, en revanche, après le mariage, grâce à cette étonnante continence qui nourrissait la vigueur, augmentait les forces, fortifiait les nerfs, les jouissances sublimes de la chair étaient leur unique et fréquente passion. Nous avons déjà vu que ce peuple aussi belliqueux qu'hospitalier, était presque le seul d'entre les barbares qui n'épousait qu'une femme, hormis les princes qui, pour la noblesse de leur race, étaient recherchés de plusieurs. Grâce à ce feu viril et chaste que les Germains entretenaient constamment, et qu'ils limitaient au foyer conjugal, l'union la plus parfaite, la plus heureuse, existait dans les ménages où l'homme aimant luttait de tendresse affectueuse avec l'épouse, où la femme caressante rivalisait de courage avec son mari qu'elle excitait au combat par ses reproches ou ses exhortations. Qu'il me soit permis avant de parler de la maternité, d'ajouter que, de ces chastes mariages, il naissait des enfants aussi robustes que nombreux. C'était leur gloire et leurs richesses d'en avoir beaucoup et de les élever avec tendresse; la jeunesse continente les y préparait, l'amour conjugal les y disposait; de cette manière, bonheur et santé marchaient fièrement côte à côte dans la famille.

Cependant le code des Germains étaient aussi muet que celui des législations modernes, touchant le droit du mari sur le corps de la femme. Mais alors, comme aujourd'hui, la grande voix de la nature parlait; pour les familles vertueuses, son langage était sacré; l'amour le consacrait et la paix l'accompagnait.

Mais, diront ceux qui prétendent substituer leurs principes ou leurs dogmes à l'autorité si prévoyante de la directrice infaillible de tous les êtres, que devien cette autorité exorbitante entre les mains d'un mar féroce? Hélas, ce que deviennent les aliments les plu sains entre les mains d'un glouton! ce que devient un épée entre les mains d'un furieux! Quand même on n pourrait que plaindre la victime et maudire le bourreau, faudrait-il souffrir, au nom de l'ordre et de la moralité, le pouvoir de tous les maris sur le corps de la femme!

Enfin la loi muette tout à l'heure, s'occupe, néanmoins, du domicile de l'épouse, déclarant formellement que celle-ci doit suivre le mari partout où il se fixera. Là encore les intérêts secondaires ou exceptionnels sont écartés par la législation comme par la société. Car il arrive que l'air nouveau ou l'air étranger est contraire à certaines femmes; que les mœurs du pays déplaisent, que l'éloignement de la famille est un tourment continuel; néanmoins, toutes ces considérations ne sont le plus souvent que des accidents ou des inconvénients qui disparaissent en face des exigences ou des nécessités du ménage.

Exigences ou nécessités, mots terribles pour deux êtres attachés par les plus grands intérêts de la vie, unis par les plus beaux sentiments de l'amour. Pourquoi des défauts inhérents à la nature humaine viennent-ils troubler l'aimable concert de deux cœurs, qui devraient plutôt se prévenir par des avances affectueuses, que de donner ou attendre des ordres incommodes?

J'ai demandé une liberté contenue, mais enfin la liberté pour la condition de la fille; je l'ai réclamée entière pour la condition de la femme dans ses attributions; pourquoi ne pouvoir la rendre à l'épouse dans les fonctions du mari ! L'indépendance qui épure les vertus sociales ne pourrait pourtant souiller les vertus conjugales ? Ah ! c'est que dans l'intéressante république du foyer domestique, la paix est nécessaire, l'accord est indispensable. Or, avec notre nature imparfaite, obéissant aussi souvent au caprice qu'à la raison, il faut un juge dans le charmant tribunal du ménage. Le mari juge entre l'homme et la femme ! Que ses décisions ne soient pas des arrêts mais des conseils ! Qu'il n'enchaîne pas la volonté d'une compagne, mais qu'il la dirige. Les femmes sont généralement dociles, lorsque le mari, tout en conservant le principe d'autorité, invoque la puissance de la raison, sans paraître user de son pouvoir directeur, prend conseil de sa prévoyante épouse, lui laisse une voix au moins consultative dans le conflit de deux âmes inséparables, pensant et voulant quelquefois différemment. Dans ces deux volontés différentes, l'expérience montre, il est vrai, comme un malheur, l'omnipotence du mari, mais le bon sens appelle un fléau la révolte de la femme. Epouse diligente, aimable compagne, source intarissable de vie et de bonheur dans la famille, pourrais-tu renier ta sublime condition de conciliatrice et de bienfaitrice ? Pourrais-tu, reine du ménage, en devenir le fléau ! Oh, sache que la nature n'a point fait la femme chef de la communauté ! sache que la société n'entend pas t'attribuer l'autorité directrice ! sortir de son rang, s'éloigner de sa destinée, c'est aspirer à descendre ; c'est s'exposer à une chute mortelle. Riche ou pauvre, ta puissance réside dans ton cœur, dans ta voix, dans tes yeux, dans tes gestes, dans ton sourire. Si la fortune t'a favorisée, sers-t'en pour favoriser ton mari, et non pour étaler une hauteur révoltante qui pousse la femme à devenir le tyran de l'homme. Si, au contraire, le destin a fait de toi une laborieuse ouvrière, cultive simplement le travail, sans te laisser aller à ces mesquines exigences qui font oublier l'origine et le rang. Lorsque la femme se soumet, ou se donne au mari, comme si elle remplissait le plus doux des devoirs, et que l'homme lui commande amicalement sans faire sentir sa supériorité, sans faire peser son autorité sur une épouse désarmée, alors, mais seulement alors, la femme respecte son chef, qui vénère sa compagne.

CHAPITRE IX.

La Mère.

L'épouse est devenue enceinte, elle a senti dans son chaste sein le fruit vertueux de la maternité ; son cœur joyeux a tressailli d'espérance ; son âme heureuse de posséder une autre âme a revêtu cette noble fierté, qu'inspirent les plus nobles conquêtes, la future mère se prépare à devenir pour son enfant, l'éclatante personnification de la Providence. Elle sait que la femme enceinte a toujours été digne du respect de l'homme. A Rome, le peuple la regardait comme le sanctuaire de la vie ; les fonctionnaires les plus élevés, les magistrats souverains, habituellement si fiers, si hautains, lui cédaient le pas et s'écartaient devant elle, afin de lui laisser la partie dallée de la voie publique. En tous les temps, en tous les lieux, les hommes les plus grossiers lui ont accordé et lui accordent toujours une déférence sympathique ; les tribunaux eux-mêmes, si sévères pour les plus petits attentats contre la propriété, n'osaient et n'osent pas condamner une femme grosse qui vole dans un besoin pressant pour nourrir son enfant.

Partout aussi on a prodigué d'immenses honneurs à la mère. En Grèce, où la jeune épouse était surveillée très attentivement, la qualité de mère l'affranchissait de cette surveillance offensante. Aujourd'hui, chez tous les peuples civilisés, la maternité est considérée comme la source des plus pures jouissances, comme la base la plus sûre de la moralité publique, comme la consécration de toutes les vertus féminines. « C'est, dit madame » Emile de Girardin, l'unique passion que les femmes » puissent sentir et comprendre parce que l'amour » maternel est une ambition sainte, un orgueil sacré. »

En effet, tout est beau, tout est pur, tout est chaste, tout est grand, tout est sublime. Ainsi, chez une jeune fille, la légèreté, l'élégance, la politesse même, peut être une séduction, tandis que chez la jeune mère, serait-elle la plus fraîche, la plus gracieuse des femmes, la nudité elle-même, pourtant si entraînante, des seins qui allaitent l'enfant, n'inspire que des sentiments de respect et de vénération : « tant il est vrai, comme dit » Balzac, que la maternité est une de ces choses » simples, naturelles, fertiles, inépuisables, comme celles » qui sont les éléments de la vie. »

Mais voici le moment le plus solennel, l'enfant apparait à la vie ; un cri se fait entendre : Que ce soit un cri de douleur ou un cri de triomphe, peu importe, c'est un cri de délivrance, qui fait tressaillir les entrailles de la mère joyeuse ; un cri d'amour qui fait battre son cœur maternel. Tout est bien disposé, l'épouse diligente avait à l'avance peu à peu préparé la layette, oubliant, dans cette agréable occupation, les souffrances de la grossesse. On met l'enfant dans un modeste, mais charmant berceau dont une housse flottante et des rideaux blancs font tout l'ornement ; ou dans une riche barcelonnette plus gracieuse encore que le berceau, deux demeures également touchantes, également innocentes où va reposer l'espérance la plus précieuse de la famille.

Voilà donc la femme arrivée au suprême degré de sa condition. Placée sur un lit d'honneur, elle contemple avec admiration l'enfant qu'elle a porté neuf mois dans ses flancs, tantôt elle espère, tantôt elle tremble, mais toujours elle aime. Après quelques heures d'un repos complet, la jeune mère heureuse et fière de sa riche conquête présente à son cher enfant le sein devenu fécond ; elle lui donne ce lait précieux que la nature a préparé : sublime manifestation de l'amour maternel, immense jouissance de la mère et de l'enfant !

Je n'apporterai pas ici des conseils sur les soins à donner soit à la mère, soit à l'enfant ; je ne m'occuperai pas non plus du régime qu'ils doivent suivre tous les deux. Je craindrais de m'éloigner de mon sujet, pour m'immiscer dans les attributions spéciales de la médecine. Mais ce que le moraliste ne peut taire au nom de la famille comme au nom de la société, ce sont les devoirs rigoureux de la mère. Bien instruire les enfants, bien les élever, les placer et les marier convenablement, sont pour la mère de grandes obligations, mais la plus naturelle est de nourrir elle-même son nouveau-né, non pas avec des aliments étrangers à ceux que peut fournir son propre sein, mais avec l'allaitement maternel, nourriture salutaire, fortifiante, honnête par excellence, et si l'on considère les intérêts matériels, la moins coûteuse et la plus commode.

Deux puissantes raisons commandent à la mère de de nourrir elle-même son enfant ; l'amour immense qu'elle lui porte, l'intérêt suprême de la constitution physique et de la condition morale de l'enfant. De quelle affection, de quelle tendresse, une mère n'entoure-t-elle pas son nouveau-né, dont le sourire aimable fait oublier toutes ses souffrances pour ne lui faire songer qu'au bonheur d'être mère ! comme la crainte de le perdre la plonge dans de continuelles alarmes ! comme cette perte fatale fait à son tendre cœur une profonde blessure toujours douloureuse, éternellement saignante ! ah, c'est que l'amour de la mère naît avec l'enfant, vit avec l'enfant, meurt avec l'enfant. Cet amour est sans borne, il est infini, il est partout. Que l'enfant sourie ou qu'il pleure ! que la mère elle-même soit dans la joie ou la tristesse, dans le bonheur ou le malheur, la jouissance de posséder un enfant, est toujours immense, toujours la même. Oui, l'amour maternel est éternel. Le temps qui ne respecte rien, qui détruit ou consume tout, ne saurait éteindre cet amour toujours vivant, toujours égal, cet amour que rien n'altère, que rien ne refroidit, ni les adversités, ni les déceptions, ni même la vieillesse glacée.

Comment alors le cœur de la femme, dans la plénitude de ses vertus, dans la gloire de son dévouement, dans l'immensité de son amour, peut-il consentir à l'éloignement de la source vivante de tant de vertus, de tant de dévouement, de tant d'amour! Car des mères, malheureusement trop nombreuses, manquant de tendresse ou de prévoyance, confient à une mère étrangère l'objet de tant de délicieuses espérances qui, pourtant, pendant leur grossesse, berçaient déjà toutes leurs pensées. N'est-il pas surprenant de voir la personne la plus intéressée à l'avenir de la famille exposer la santé et même la vie de l'enfant en faisant appel à l'allaitement mercenaire? N'est-il pas étrange de voir des mères refuser leur lait après avoir fait boire leur propre sang.

Rousseau, toujours profond, toujours humain dans ses jugements, dit cette cruelle vérité : « Les mères » méprisant leur premier devoir n'ont pas voulu nourrir » leurs enfants, il a fallu les confier à des femmes » mercenaires, qui se trouvent ainsi mères d'enfants » étrangers... Ces douces mères, débarrassées de leurs » enfants, se livrent gaiement aux amusements de la » ville. »

Aux amusements de la ville, pendant que, loin de la mère, l'enfant pleure seul dans son berceau, sans entendre un chant, sans rencontrer un sourire qui le console! Aux amusements de la ville, pendant qu'il se tord dans la terrible agonie de la faim, sa nourrice, indifférente ou tranquille, surveillant peut-être dans les champs le bétail qui l'intéresse! Aux amusements de la ville, pendant qu'un animal immonde rôde autour du berceau, ou que ce berceau brûle!

Espérance de l'avenir, pourquoi n'es-tu pas toute la joie du présent? Pourquoi y a-t-il encore des mères qui ne se réjouissent pas à côté de ton berceau où reposent les plus douces affections, les plus saintes joies, les plus chères délices de la maternité ? D'où vient donc ce fléau qui a diminué l'amour maternel ? Ne serait-il pas la conséquence de ce déplorable enseignement qui rougit d'inspirer aux jeunes filles les grands sentiments de la famille, et qui tremble de leur apprendre les devoirs rigoureux des mères ?

Comment, en effet, pouvoir connaître et pratiquer les devoirs de la maternité si, dans ces beaux jours que l'esprit se développe, que le cœur se forme, les mères futures n'entendent qu'exalter la virginité, n'apprennent que les manières de sacrifier les joies maternelles, n'écoutent que le langage de la pieuse séduction, qui répète à haute voix que la femme n'est sans tâche que lorsqu'elle refuse d'être mère ; qu'elle n'est pure que lorsqu'elle résiste à loi suprême de l'invincible nature ; que, pour plaire à la divinité, elle doit sacrifier tous les plaisirs que l'éternelle Providence a généreusement départis à tous les êtres vivants afin qu'ils en règlent l'usage selon les lois des convenances et de la conscience ? Comme s'il fallait anéantir tout ce qu'il y a de plus humain ! Comme si le Créateur pouvait rougir de l'espèce humaine, la plus belle de ses œuvres !

O mères infortunées, pourquoi ne pas vous avoir appris que l'innocence est moins dans les continuelles prosternations, moins dans les gémissements perpétuels que dans le chaste et vénérable culte du foyer domestique ! Pourquoi ne pas vous avoir dit qu'il vaut mieux donner la vie pour propager l'espèce que de martyriser son existence en crucifiant sa chair, qu'il est plus beau de couvrir de baisers un lit nuptial que d'arroser de quelques larmes glacées des draps solitaires, que la voix du bien-aimé est celle d'un époux ne frappant pas à la porte mais rentrant franchement afin d'embrasser sa chère amie, afin de s'asseoir à la table commune et de partager le frugal ou le splendide repas ? Pourquoi ne vous avoir pas répété que l'amour conjugal élève le cœur à la plus saine vertu, que les joies de la famille sont les plus pures et les plus sacrées ? Un pareil langage vous aurait inspiré ces grandes pensées qui ennoblissent toutes les jouissances des mères et qui peuvent seules prévenir le fatal abus de l'allaitement mercenaire ; il vous aurait appris que c'est à l'ombre d'un mari, et surtout au milieu de leurs enfants que les femmes jouissent de la perfection de leur être.

Ah ! mon esprit a beau parcourir toute la terre, passer de solitude en solitude, de campagne en campagne, de ville en ville, méditer dans une grotte mystérieuse, étudier sur une montagne aride, raisonner dans une plaine fertile, réfléchir dans une honnête chaumière, se recueillir dans un palais somptueux, pénétrer même jusque dans ces lieux enchantés qui sont pourtant la demeure éternelle de la sagesse et de la bienfaisance, du courage et de la vertu ; il ne saurait rencontrer les félicités ravissantes, les délices célestes de la famille, lorsque l'objet de ces félicités comme de ces délices est la présence d'un enfant. Non, je ne puis trouver un autre lieu où les mères heureuses peuvent mieux exercer leur industrieuse activité, témoigner leur fidélité affectueuse sur un mari reconnaissant, répandre leurs tendres soins sur de charmants enfants, et prodiguer à l'un comme aux autres l'amour le plus ardent.

Si je me représente une mère loin de ses enfants, je la vois dans une solitude affreuse, je la vois dans des frayeurs mortelles ; je la vois perdue et sans espérance ; je la vois ne pouvant vivre en paix ou vivant dans de continuelles alarmes ; je la vois se représentant mille périls qui menacent l'enfant, mille occasions où il va périr.

Oui, tout est en horreur à la vraie mère lorsqu'elle n'aperçoit pas son enfant ; la chambre nuptiale, en lui rappelant sa conquête, lui rappelle un malheur ; dans la maison conjugale, les objets les plus charmants font son plus grand supplice ; nulle part elle ne peut reposer son cœur ensanglanté par la plus cruelle des blessures.

Mais comme la scène change lorsque la mère allaite elle-même son enfant ! Quelles jouissances ! quel honneur ! quelle gloire ! Les peines, les soucis se métamorphosent, rien ne coûte, rien ne fatigue ; l'heureuse mère interrompt tous ses travaux, suspend son repas pour consoler l'enfant quand il pleure, pour l'embrasser quand il lui tend ses bras innocents ; elle le présente gaiement à son père joyeux de le voir au retour d'une pénible journée. Quel beau cortège de mouvements et de sourires qui font tressaillir deux cœurs unis pour aimer ! Comme tous les regards sont attachés sur l'objet commun de l'espérance commune ! Comme les plus tendres caresses lui sont prodiguées par un père et une mère qui n'osent quelquefois rompre le silence quand l'amour a parlé !

Enfin, faisons quelques pas dans la vie ; l'enfant grandit. Alors la mère le flatte, le père le serre dans ses bras, la mère le fait asseoir à la même table, le père lui raconte déjà ses joies et ses chagrins ; l'enfant écoute avidement, interroge curieusement, répond affectueusement à tous les signes, à tous les coups d'œil, à tous les sourires ; le bonheur est sans tache. Mères intelligentes, n'éloignez donc jamais l'ange de la famille, vous en banniriez l'espérance et la joie.

Du reste, allaiter leur enfant est une action trop naturelle à la condition des mères pour que celles-ci manquent au plus sacré de leurs devoirs. J'ai déjà dit que la maternité était un état supérieur à celui de la virginité, et j'ai dit vrai. Mais afin que les vertus des mères excitent des transports plus sublimes que les grâces aimables des jeunes vierges, il faut que ces vertus se produisent dans tout leur éclat, dans toute leur perfection ; il faut que les mères soient toujours mères, tenant dans leurs bras l'enfant qu'elles ont porté dans leur sein, l'allaitant aujourd'hui, ouvrant demain l'intelligence de son jeune esprit, comme le soleil bienfaisant ouvre la fleur du matin, inspirant toujours son cœur, développant toujours son âme.

Lorsque j'ai parlé de la nature féminine, j'ai constaté l'immense infériorité des animaux. Se pourrait-il donc que la tendresse d'une lionne pour ses lionceaux, d'une poule pour ses poussins, soit plus puissante, plus constante, plus active, que celle d'une femme pour ses enfants ? Est-ce que la loi de la conservation ne serait pas au moins aussi immuable chez l'espèce humaine que chez l'espèce animale ?

Car si nous considérons les oiseaux, qu'y voyons-nous ? l'amour aujourd'hui , l'amour demain, l'amour tant que la nature le commande. Aussitôt que la femelle ressent l'influence de la fécondation, elle manifeste pour sa future famille, une immense sollicitude, que le mâle s'empresse de partager. Elle se hâte de bâtir ce nid artistement travaillé, qu'elle place soit sur la plate-forme d'une tour élevée, soit sur une branche légère, soit à l'extrémité d'un rameau flexible, ou d'une longue branche, soit dans une large feuille qu'elle replie, soit entre quelques mottes de terre ; elle y dépose un à un des œufs qu'elle couve avec une patience admirable, jusqu'au jour ou sa chaleur féconde fait éclore la jeune couvée. Alors, toujours accompagnée ou même secondée par le mâle, elle devient encore plus soigneuse, plus active ; quel empressement à chercher la nourriture ! Quelles inquiétudes ! quelle joie ! quel courage et quelle audace contre les ennemis de ses petits. Cependant ceux-ci n'ont aucune tendresse filiale ; sitôt qu'ils mangent seuls, ils disparaissent pour vivre librement dans la forêt ou dans la plaine. La mère elle-même, tout-à-l'heure si affectueuse, ne ressent plus d'affection, l'instinct de l'amour ne dure que le temps nécessaire à la conservation de la chère famille ; de caressante elle devient indifférente. D'où vient donc qu'elle abandonne ce qu'elle a tant aimé ? Ah ! c'est que cet abandon est lui-même une loi de la nature. Quoiqu'il en soit, l'oiseau a rempli sa mission sans confier ses petits à un autre. Solennel enseignement pour les mères du roi de la création, afin que ces mères ne semblent pas méconnaitre la loi divine, qui commande d'aimer le matin, d'adorer le soir, de toujours vénérer.

Que la sève de la maternité humaine soit donc toujours généreuse ! son affadissement ferait pencher vers sa ruine l'arbre de la famille. Que l'amour maternel soit toujours vivant ! alors seulement il laisse des traces ineffaçables, semant d'abord dans le cœur de l'enfance une reconnaissance éternelle, imprimant ensuite dans l'âme de l'adolescence ces vertus qui font la jeunesse héroïque, l'âge mûr triomphant, et la vieillesse glorieuse.

Les deux grands attributs de la maternité sont puissance et prévoyance, donner la vie et la conserver. Si la puissance a des bornes, la prévoyance s'étend au-delà de l'enfance, franchit les limites de la jeunesse, embellit l'âge mûr, ne se repose qu'au tombeau.

Je voudrais pouvoir raconter ici quelques-unes de ces actions surprenantes qui sont le fruit de l'amour maternel. Mais je me contenterai de citer deux faits historiques qui attestent les sublimes effets de la puissance et de la prévoyance de la maternité. Une dame romaine accusée d'un crime capital devant le prêteur fut condamnée à mort. Livrée au bourreau pour être étranglée dans sa prison, la coupable, par ses larmes abondantes toucha vivement cet homme qui résolut de la laisser périr de misère plutôt que de lui arracher la vie. Sa compassion fut si grande qu'il permit à la fille de la condamnée de venir de temps en temps la visiter, mais après avoir examiné avec le soin le plus scrupuleux si elle n'apportait point de vivres avec elle. Plusieurs jours se passèrent ainsi. Alors le bourreau, surpris de ce que cette criminelle vivait si longtemps, observa la fille avec plus d'attention encore. Quel touchant spectacle s'offrit à ses regards ! Quels sentiments de compassion respectueuse il fit naître dans son âme pourtant glacée ! La généreuse fille allaitait elle-même son infortunée mère, elle lui rendait cette nourriture divine qu'elle avait reçue, afin de la soustraire au trépas funeste dont elle était menacée. Le bourreau en instruisit aussitôt le prêteur qui s'empressa d'en informer le consul. Bientôt toute la ville connut le prodige ; la foule se précipita vers la prison, ouvrit les portes, conduisit la coupable repentante avec sa fille adorable, auprès du magistrat souverain qui, pénétré de cet acte inouï de piété filiale, exauça les prières du peuple romain, en pardonnant à la mère et en assignant à la fille une pension considérable sur le revenu public.

La deuxième scène se passe bien loin de l'Italie, à l'extrémité de l'Asie. Une femme japonaise était restée veuve avec trois garçons et ne subsistait que de leur travail, quoique le prix de cette subsistance fut peu considérable. Cependant les travaux de ces jeunes gens ne suffisaient pas toujours pour y subvenir. Le spectacle douloureux d'une mère en proie aux plus pressants besoins déchirait leur cœur ; ils conçurent la plus étrange résolution.

On avait publié depuis peu que quiconque livrerait à la justice le voleur de certains objets, recevrait une somme considérable. Les trois frères, ne songeant qu'à leur mère, qu'ils chérissaient, convinrent entre eux qu'un des trois passera pour le voleur, et que les deux autres le livreront au juge. Chacun revendique l'honneur d'être la victime de l'amour filial, le sort en décide et tombe sur le plus jeune qui se laisse conduire comme un criminel. Le magistrat l'interroge ; il répond fièrement : je suis le voleur que l'on cherche. Aussitôt on l'emmène en prison, tandis que ses deux frères reçoivent la somme promise, et la portent tout entière à leur mère indigente. Mais l'amitié fraternelle ne s'éteint pas, le cœur attendri, l'âme inquiète, les deux frères pénètrent furtivement dans la prison, embrassent tendrement la victime innocente, et l'arrosent de leurs larmes. Le magistrat qui les aperçoit par hasard, surpris d'un spectacle si nouveau, donne commission à un de ses gens de suivre les deux délateurs. Il lui enjoint expressément de ne les point perdre de vue avant d'avoir découvert de quoi éclaircir un fait si singulier. Le domestique s'acquitte fidèlement de sa mission ; il suit les jeunes gens jusqu'à la porte de la maison où habitait la mère, et les entend raconter tout ce qui vient de se passer; il s'empresse d'en informer le magistrat ajoutant qu'au récit de ses enfants la pauvre femme avait poussé des cris lamentables, et leur avait ordonné de reporter l'argent, en disant qu'elle aimait mieux mourir de faim que de se conserver la vie au prix de celle de son cher fils. Le magistrat pouvant à peine concevoir un prodige aussi étonnant de piété filiale, fit venir aussitôt son innocent prisonnier, le menaça du plus cruel supplice s'il ne révélait dans tous leurs détails, les prétendus vols dont il était accusé, et n'obtint de ce généreux enfant, tout occupé de sa tendresse pour celle qui l'avait allaité, qu'un silence respectueux. Pénétré d'une action si héroïque, le magistrat embrassa le courageux jeune homme, et alla immédiatement en instruire l'empereur. A ce récit, le prince, saisi d'admiration, voulut voir le prisonnier. Dès qu'il l'aperçut, il dit, en lui tendant la main. « Enfant vertueux, votre conduite mérite les plus grands éloges, toute la terre le célèbrera ; quant à moi, je veux la récompenser. » Aussitôt il lui assigna une grosse pension, fit venir le deux frères avec la mère, les combla de caresses et le retint à la cour.

Je n'ai pas besoin d'ajouter que la vertueuse romaine et les héros japonais avaient dans leur plus tendre enfance pressé de leur bouche innocente les chastes mamelons d'une mère affectueuse et vaillante. Aussi, je le répète, allaiter son enfant est un pieux devoir qu'impose aux mères la première loi de la nature ; manquer à ce devoir, c'est se soustraire à cette loi, s'est s'exposer à l'anéantissement d'un immense bienfait.

On dira peut-être que chez les peuples les plus civilisés de l'antiquité, chez ces modèles de science, de bravoure et d'héroïsme, une femme, toute autre que la vraie mère, remplissait les fonctions de nourrice. Mais j'ai assez montré dans quel état d'avilissement ou de dégradation, ces mêmes peuples tenaient plongées toutes les femmes, pour que les habitudes féminines de ces époques ne puissent être invoquées comme des témoignages en faveur de l'allaitement mercenaire.

Oui, chez les Grecs, non seulement les riches matrones, même des femmes du peuple n'allaitaient pas leurs enfants ; presque toutes prenaient des nourrices. Mais hélas ! ces nourrices étaient pour ainsi dire toujours des esclaves familières et soumises du chef de la famille. A Sparte l'allaitement étranger était encore plus officiel ; les nourrices étaient communes. Pourquoi cela ? parce que cette ville guerrière et conquérante ne songeait qu'à faire des soldats. Rome imita la ville d'Athènes, les jeunes matrones étaient fières d'avoir à leurs côtés une élégante nourrice ; si au moins ces habitudes orgueilleuses avaient disparu ! mais ces nourrices n'offrirent bientôt aucune garantie de santé ni de moralité, à tel point que dès le quatrième siècle, il se trouva des moralistes qui, parlant en faveur de l'allaitement maternel, reprochèrent aux nourrices de vicier le sang et les mœurs des enfants.

Bannissons donc tout ce qui peut vicier le sang et les mœurs des enfants, nous souvenant qu'en tout, bien commencer, c'est se disposer à bien finir. Si un jeune arbre prend la forme que la nature ou l'art lui donne, si les sentiments qui naissent avec notre intelligence sont les plus durables ; si nos premières leçons comme nos premières émotions sont nos derniers souvenirs, la première nourriture décide de la santé de l'enfance, de la valeur de la jeunesse, de la force de l'âge mûr, du bonheur de la vieillesse ; elle sème les vertus comme les défauts de la vie la plus longue. Oh ! je le répète, de même que rien ne peut suppléer les soins de la mère, aucune nourriture ne peut remplacer l'allaitement maternel.

Je sais bien que de douloureuses circonstances, comme une maladie héréditaire, un accouchement trop laborieux, et de cruelles nécessités, comme l'obligation d'un pénible travail, contraignent des mères déshéritées de la nature ou de la fortune, à recourir à l'allaitement étranger, ou à l'allaitement artificiel. Mais je sais aussi que ces circonstances comme ces nécessités physiques, morales ou sociales, qui mettent un réel obstacle à l'allaitement maternel, ne sont pas aussi nombreuses que pourrait le faire croire cette fièvre déplorable qui pousse trop de mères à se débarrasser de leurs enfants.

Oui il y a des femmes victimes de la nature ou martyres du travail, qui ne peuvent remplir la première condition de la maternité ; mais il y a aussi des mères indifférentes, des mères coupables.

Sans doute, une femme qui souffre, ou dont la santé délicate peut à peine lui permettre d'être mère, ne doit pas même remplir le pieux devoir de l'allaitement. Ce serait un sacrifice préjudiciable à la santé, peut-être à la vie de l'enfant. Tout lui commande de s'abstenir et de recourir, soit à l'allaitement d'une nourrice, soit à l'allaitement artificiel. Lequel doit-elle donc choisir ? Les moralistes considérant avant tout la nature ne veulent pour les enfants que du lait de femme. Beaucoup de médecins, et parmi ce nombre, des lumières médicinales préfèrent l'allaitement artificiel, lorsque la santé de l'enfant n'exige pas le lait d'une femme. Ils prétendent, non sans raison, que l'infériorité naturelle de cet allaitement est amplement compensé par les soins minutieux, par la surveillance active, ainsi que par la constante sollicitude de la vigilante mère dont la pensée ne s'égare pas, dont le cœur est constamment au berceau.

Quant aux femmes qui sont forcées chaque jour, pour gagner leur vie de quitter la maison le matin, pour n'y rentrer que le soir, elles ne peuvent évidemment renoncer aux occupations qui les font vivre elles-mêmes. Si ces femmes habitent les grandes villes où sont établies des crèches, elles peuvent, ces honnêtes mères de famille, s'acquitter du grand devoir de la maternité. Ainsi, en allant au travail, elles portent elles-mêmes dans le berceau que lui a préparé la bienfaisance, leur cher enfant qui trouve dans ces admirables établissements des langes et du lait; elles peuvent elles-mêmes à certaines heures de la journée présenter à l'enfant le sein maternel et lui donner cette liqueur fortifiante qui vaut infiniment mieux que le lait d'une nourrice mercenaire, serait-elle la plus saine, la plus robuste, la plus belle, la plus honnête des femmes.

Mais les crèches sont rares; la plupart des travailleuses habitent loin de ces admirables institutions. Alors le choix d'une garde ou d'une nourrice devient indispensable. Que celle-ci soit donc, selon les sages et profonds conseils de Rousseau, qu'elle soit « une nour-
» rice aussi saine de cœur que de corps; l'intempérie
» des passions peut, comme celle des humeurs, altérer
» son lait; de plus, s'en tenir uniquement au physique,
» c'est ne voir que la moitié de l'objet. Le lait peut être
» bon et la nourrice mauvaise; un bon caractère est
» aussi essentiel qu'un bon tempérament. Si l'on prend
» une femme vicieuse, je ne dis pas que son nourrisson
» contractera ses vices, mais je dis qu'il en pâtira. Ne
» lui doit-elle pas, avec son lait, des soins qui demandent
» du zèle, de la patience, de la douceur, de la propreté?
» Si elle est gourmande, intempérante, elle aura bientôt
» gâté son lait, si elle est négligente ou emportée, que
» va devenir à son insu un pauvre malheureux qui ne
» peut ni se défendre, ni se plaindre. »

J'ajouterai que les facultés intellectuelles couronnent chez les nourrices les qualités physiques et morales dont parle si judicieusement le célèbre auteur de l'*Emile*. Il n'est pas nécessaire qu'une nourrice possède de la science; mais il est important qu'elle ait de l'intelligence. Bien que son lait n'exerce pas sur l'avenir de l'enfant autant d'influence que le sein maternel, il continue ce pouvoir naturel. Or, l'histoire nous dit que presque tous les grands hommes ont eu pour mère une femme supérieure.

Enfin, lorsque la nourrice est choisie, qu'elle soit digne de confiance, qu'elle mérite même le beau titre de seconde mère, la sollicitude maternelle doit redoubler de zèle et de vigilance. Ce n'est pas, en effet, parce qu'une femme infortunée est obligée d'imposer silence à la voix de la nature, ce n'est pas parce que des nécessités barbares l'obligent à faire taire la plus vive impulsion de son cœur, qu'il est permis de renoncer aux autres grands devoirs de la maternité: Ménager ses forces ou ses peines d'aujourd'hui serait se préparer pour demain de cruelles inquiétudes, de terribles désespoirs.

Certes, si toutes les mères ne peuvent elles-mêmes allaiter leurs enfants; s'il y en a qui refusent la gloire de leur présenter les seins les plus chastes, il ne doit pas exister de femmes qui ne puissent se glorifier des soins de la famille: « La même cause, a dit Bossuet, » qui rend les mères fécondes pour produire, les rend » aussi tendres pour aimer. » Si donc la plus sainte des amitiés n'a pu s'envelopper dans les langes sacrés du berceau, cette amitié toujours efficace, doit rayonner sur toute la vie des enfants. A son tour l'amour filial ne faillira jamais; la généreuse mère toujours tendrement aimée jouira constamment des jouissances qu'elle aura procurées à sa chère famille.

Que l'amour maternel soit donc partout; dans les bras comme sur les genoux de la mère, au foyer domestique comme à l'atelier ! Qu'il accompagne les jeux, les prières, les travaux des plus précieux bijoux, des plus riches parures des femmes ! Qu'il prodigue ses soins, ses sacrifices ! Qu'il crée de nouvelles mères ! Qu'il prépare de vertueux citoyens ! Qu'il fasse des femmes et des hommes! Rôle humain, rôle divin, si l'auréole de ta gloire et de ton bonheur est immense; la couronne de tes vertus et de tes sacrifices doit être infinie.

La nature a donné aux mères des devoirs plus pénibles qu'aux pères; mais en retour elle les a douées d'une douceur plus affectueuse, d'une sensibilité plus patiente pour les occupations auxquelles elle les a destinées; elle a réuni en elles toutes les qualités, toutes les vertus des femmes, en perfectionnant ces qualités comme ces vertus par les nobles sentiments du dévouement. On dirait qu'elle s'est plu dans son exigence à prodiguer sa générosité.

La mère, en effet, est la personnification la plus éclatante de tout ce qu'il y a de joyeux, d'affectueux, de laborieux et de vertueux au foyer domestique. C'est l'ange consolateur des chagrins de la famille; c'est la sentinelle vigilante, toujours éveillée, poussant le premier cri d'alarme au premier cri de douleur; c'est la prodigieuse activité inspirant le goût du travail; c'est la tendresse mêlée avec son sang, confondue avec la moelle de ses os; c'est l'amour le plus pur renfermant toutes les affections de la maison; c'est la figure mystérieuse dont la vue soulage, console, guérit, retient et contient ; c'est l'inspiratrice perpétuelle de l'horreur du vice ; c'est l'exemple enseignant le devoir ; c'est la voix céleste développant dans les jeunes âmes les instincts les plus généreux de la nature humaine ; c'est la Providence vivante répandant à profusion les félicités, semant toujours l'espérance ; c'est la source de la vie, de la morale et du bonheur ; c'est le soleil qui mûrit les fruits de la maternité.

Mission humaine, mission céleste, que de cœur, que de courage, que de sacrifices tu exiges ! que ton mérite est sublime ! que ta gloire est pure ! La famille est ton champ de bataille, la société ta conquête, l'humanité ton domaine, le ciel ton espérance !

Nous avons vu que le titre de mère avait pu seul briser cette chaîne servile qui tenait constamment les femmes dans une honteuse tutelle. Mais là s'était arrêtée leur émancipation. Pendant que les enfants rendaient la liberté aux mères, la loi maintenait leur servitude en ne leur accordant aucun droit sur la direction, aucun pouvoir sur la destination de ces enfants qui pourtant les avaient faites libres.

Aujourd'hui encore la loi ne donne ce droit et ce pouvoir qu'aux pères, parce qu'elle ne reconnait qu'eux pour chefs de la famille, excepté lorsque la vie du père est un scandale perpétuel pour les enfants, ou lorsque ceux-ci sont maltraités ou abandonnés ; alors la loi peut les confier aux mères, toujours pour les enfants un sol vivant et fécond. Mais la prééminence paternelle que la loi rend encore si autocratique dans toutes les classes a suivi la marche de la civilisation moderne. L'instruction a fait passer dans les mœurs actuelles ces habitudes légitimes d'éluder confidentiellement des institutions qui peuvent, à chaque instant, faire de certains hommes les despotes de toute la famille. Tout le monde comprend que l'œuvre des femmes ne doit pas cesser de leur appartenir, la possession sacrée des enfants ne pouvant finir à la naissance. Le rôle des mères n'est ni infime ni même secondaire. Dans la direction, dans l'éducation, dans la destinée des enfants, il faut que ce rôle naturel, sans être prépondérant, soit toujours un rôle actif, un rôle influent. La place des mères est toujours au moins à côté des pères, commandant avec eux, dirigeant avec eux dans le champ commun de la grande bataille humaine.

A qui, en effet, appartient le commandement? à qui revient la direction? A ceux qui le connaissent, à ceux qui la comprennent; intelligence, expérience sont, pour l'un comme pour l'autre, une nécessité du succès. Or, qui connait mieux les aptitudes morales ou intellectuelles, les dispositions naturelles, l'état de la santé des enfants, ainsi que les soins que celle-ci exige? qui connait mieux, dis-je, ces aptitudes, ces dispositions, cette santé que la mère, observatrice assidue de tous les mouvements, de tous les désirs de ses enfants, dépositaire fidèle de toutes leurs pensées, de toutes leurs paroles, de toutes leurs aspirations, conseillère dévouée de tous leurs projets, de toutes leurs actions, gardienne fidèle de tout ce qui contribue à leur bonheur comme à leur bien-être? N'est-elle pas mieux à portée que le père, absorbé par les affaires d'un commerce, accablé sous le poids du travail, distrait par les grands intérêts de la famille, n'ayant que de courts instants de loisir ou de repos pour observer, conséquemment pour juger ces mouvements, ces désirs, ces pensées, ces paroles, ces aspirations, ces projets, ces actions, pour procurer ce bonheur et ce bien-être ? Ajoutons à cela que lorsqu'il s'agit de la famille, la présence d'esprit, la pénétration, les observations fines sont la science des femmes. Ce qui a fait dire à Balzac : « Quand les pères ne savent pas ce » que font leurs filles, les mères le devinent. »

Ce n'est pas que je prétende enlever aux pères les prérogatives de la direction suprême de la famille, leurs grandes connaissances de la vie extérieure, leur haute raison, leur volonté ferme, leur intelligence supérieure, leur autorité naturelle, tout leur commande de marcher les premiers, malgré la merveilleuse clairvoyance des mères qui, sans des guides aussi éclairés qu'intéressés, pourraient se laisser entraîner aux mouvements irréfléchis de leur cœur trop tendre, aux ardeurs enthousiastes de leur esprit quelquefois trop aveugle sur l'existence sociale des enfants.

Oui, la volonté des pères doit précéder celle des mères ; mais celles-ci, plus à portée d'apprécier ou de juger tout ce qui se passe au foyer domestique, sont les directrices naturelles des premiers pas, les institutrices naturelles des jeunes intelligences, veillant les enfants dans la maladie, les surveillant dans la santé, les excitant dans leurs jeux, les éclairant dans leurs travaux, les suivant partout, gardant toujours le souvenir ineffaçable de leurs souffrances, de leurs joies, des causes de ces souffrances comme de ces joies. Si donc le code dit que le père possède seul une autorité souveraine sur les enfants jusqu'à leur majorité ou leur émancipation, la nature répète : la mère, moins oublieuse du passé, plus remplie de sollicitude pour le présent, doit exercer librement cette même autorité.

Que deviendrait donc la situation des mères au sein de la famille, si elles étaient impuissantes à corriger, impuissantes à guider, impuissantes à diriger? cette impuissance ne rendrait-elle pas stériles toutes les observations, tous les conseils, tous les avertissements des providences angéliques du berceau de l'enfance, de l'adolescence, de toute la vie de ceux que ces providences prévoyantes aiment si tendrement? Ne serait-ce pas la déconsidération de toutes les aptitudes maternelles, l'anéantissement de l'autorité des maîtresses de la maison?

Bien plus, il faut que les mères jouissent de la liberté la plus large dans l'exercice de l'autorité commune. J'ai demandé au nom de la morale, une liberté sagement contenue pour les jeunes filles, j'ai désiré, au nom de la paix conjugale, cette liberté encore plus grande pour les épouses, je la réclame immense pour les mères, au nom de la prospérité de la famille. Car si les filles s'égarent, si les épouses s'oublient, les mères toujours guidées par le double sentiment d'un amour irrésistible et d'un intérêt suprême, puisent dans cet amour comme dans cet intérêt une force intelligente, qui les préserve des défaillances.

Certes, lorsque l'enfant presse de sa bouche innocente les mamelles sacrées, lorsqu'il est porté par les bras de celle qui l'a porté dans son sein, lorsqu'il sautille sur les genoux maternels, lorsqu'il fait ses premiers pas, lorsqu'il essaye ses premières courses, lorsqu'il faut l'habiller, le laver, le servir, les pères alors sont heureux de les confier aux soins vigilants, à la tendresse affectueuse des mères. Pourquoi craindraient-ils de les laisser encore sous la garde de leur voix si douce et de leur sollicitude si ardente ? Pourquoi les arracheraient-ils à leur influence si encourageante, si puissante ; à leur direction toujours charmante pour les enfants, parce qu'elle est toujours animée par l'amour ?

« Le gouverneur, dit judicieusement Aimé Martin, le » gouverneur par excellence est celui qu'appellent nos » penchants ; il faut que l'élève entende le maître ; tout » dans leurs rapports doit être convenance, tendresse » et proportion : c'est ainsi que la nature coordonne la » mère à l'enfant. Voyez avec quel soin elle les rap» proche, par la beauté, la grâce, la jeunesse, la légèreté » d'esprit, et surtout par le cœur. Ici la patience répond » à la curiosité, et la douceur à la pétulance ; l'ignorance » de l'un n'est jamais rebutée par le pédantisme de » l'autre : on dirait que les deux raisons croissent » ensemble, tant la supériorité de la mère est assouplie » par l'amour. Enfin cet esprit frivole, ce penchant au » plaisir, ce goût du merveilleux, qu'on blâme avec si » peu de réflexion dans les femmes, est une harmonie » de plus entre la mère et l'enfant ; tout les rapproche, » leurs consonnances comme leurs contrastes ; et, dans » le partage que la nature a fait de la douceur, de la » patience, de la vigilance, elle nous indique vivement » et amoureusement à qui elle prétend confier notre » faiblesse. »

Non rien ne peut remplacer l'aimable direction des mères, pas plus que rien ne peut égaler leur douce influence. Où pourrait-on trouver tant de sentiment, tant de tendresse ? où pourrait-on entendre une parole aussi affectueuse, qui inspire autant qu'elle enseigne ? Où pourraient retentir des accents aussi puissants, qui pénètrent si profondément le cœur des enfants, que ceux-ci sont toujours respectueux non seulement des vertus de leur mère, mais même de ses faiblesses ? Les pères ont beau se prévaloir de leur supériorité ; ils ont beau se considérer comme les divins pilotes de la barque du foyer domestique ; s'ils ne confient pas cette barque au souffle favorable des mères ; s'ils n'attachent pas leurs regards sur l'étoile polaire de la famille, l'harmonie se rompt, la tempête se déchaine, les flots toujours montants dispersent les débris de la nacelle domestique sur des rives étrangères où les enfants, entrainés par le torrent des passions ou la tourmente des opinions, périssent souvent loin de leur mère, jetés sur des écueils inconnus de l'océan de la vie humaine.

Le vainqueur de l'Europe, Bonaparte, homme de fer et de sang, sentait néanmoins l'efficacité des soins maternels, et cela à un tel degré, qu'il attribuait sa propre grandeur à l'heureuse influence de sa mère ; aussi répétait-il facilement à ses courtisans comme à ses généraux, cette vérité de tous les âges et de tous les temps : L'avenir d'un enfant est toujours l'ouvrage de sa mère.

Nous avons vu que les grands hommes ont presque tous eu des mères supérieures ; nous pouvons encore dire que ces grands hommes ne leur ont pas seulement ressemblé par certains sentiments ou certaines qualités, mais que, dans la fureur de leurs emportements ou de leurs vengeances, au milieu de leurs conquêtes ambitieuses, au sein de leur administration glorieuse, ils se sont docilement calmés ou modérés à la voix d'une mère, ils se sont laissé guider par les conseils d'une mère : tant est puissante l'influence maternelle !

Ouvrons l'histoire romaine, voyons Coriolan, homme fier et intraitable, mais aimant sa mère, et l'aimant tellement qu'il se plaisait à se couvrir de lauriers pour lui plaire. Les tribuns mettent en accusation l'orgueilleux patricien, qui est condamné à un banissement perpétuel. L'âme ulcérée, le vainqueur de Corioles jure de se venger. Le traître offre son bras victorieux aux pires ennemis de sa patrie. A la tête des Volsques il est bientôt sur le point de s'emparer de Rome. La désolation gagne le peuple romain ; le sénat, lui même, désespéré se décide à traiter avec un enfant de Rome. Mais l'arrogant général refuse avec hauteur les conditions du sénat. Après avoir méconnu la voix de la patrie, il repousse le rameau d'olivier que lui présentent les prêtres au nom des dieux. Cependant ce caractère altier est toujours accessible aux sentiments tendres ; il est toujours animé d'une grande vénération pour sa mère ; Véturie s'avance au-devant de son fils, et le fléchit par ses prières. Coriolan laisse tomber ses armes, embrasse sa mère, et Rome est sauvée.

Tournons quelques feuilles, nous admirerons les enfants de la vertueuse fille de Scipion, de cette mère qui a le plus honoré la maternité, s'honorant de montrer ses enfants comme ses plus riches parures, comme ses plus précieux bijoux, de cette fière romaine, qui refusa d'épouser Ptolémée Physcon, roi d'Egypte, préférant le titre de veuve d'un citoyen romain à celui de reine. Que font les Gracques ? Amis du peuple, citoyens intègres, ils tentent d'arrêter la décadence romaine : Bravant la fureur égoïste des patriciens, ils jurent de mettre les citoyens pauvres en possession des terres conquises, dont les riches s'étaient emparés sans aucun titre, et défendent la cause du peuple avec une éloquence entraînante. L'un fait décréter la loi agraire, l'autre proclame la souveraineté absolue du peuple, et fait confirmer la plus équitable des lois. Tous les deux amassent sur leurs têtes des haines terribles, et, pour récompense de leur valeur, ils succombent, après s'être couverts de gloire, victimes de leur patriotisme. Tibérius périt sous les coups de ses implacables ennemis, Caïus est réduit à se faire tuer par son esclave. Qui leur avait inspiré cette humanité héroïque ? la grandeur d'âme, le noble caractère de Cornélie. Où avaient-ils puisé leur éloquence à la fois douce et grave, énergique et véhémente ? dans le cœur honnête de leur mère, dont l'influence salutaire animait leur audace, grandissait leurs projets, communiquait à toutes leurs pensées comme à toutes leurs actions cette fermeté inébranlable qui assure le succès des grandes entreprises.

Parcourons maintenant notre histoire nationale, et parmi les nombreux faits attestant le pouvoir de l'influence maternelle, citons-en un d'autant plus extraordinaire qu'il est difficile à rencontrer parmi les rois, naturellement hautains ou despotes. Tous les historiens ont loué la justice, l'équité, la fermeté et la sagesse de l'administration de Louis IX. A qui le fils de Blanche de Castille doit-il sa gloire, d'avoir été le plus sage et le plus honnête de nos rois? A sa mère, à cette femme aussi céleste qu'humaine, à cette reine qui, environnée de toutes les splendeurs de la couronne, remplissait ses devoirs de mère avec une exactitude si scrupuleuse, qu'un jour, une dame de la cour ayant présenté le sein au fils de cette vertueuse souveraine, la digne princesse fit rejeter à l'enfant, avec un superbe dédain, le lait étranger qu'il avait pris; à l'enseignement maternel qui pouvait seul lui apprendre à cultiver noblement les vertus impossibles aux rois.

Si nous passons à des actes de tous les temps, de tous les lieux, de toutes les classes, nous trouvons toujours la mère vivant dans l'esprit de ses enfants, qui témoignent à chaque pas cet attachement que la maternité sait imprimer dans le cœur et dans l'âme. C'est le souvenir d'une ancienne légende qu'on se plaît à raconter dans la jeunesse, dans l'âge mûr, surtout dans la vieillesse. C'est une prière originale, qui n'a jamais été écrite dans les livres, mais qui a été gravée dans l'âme, qu'on récite en souvenir d'une mère. J'ai connu un homme de bon sens et de caractère, me disant avec la sincérité qui le caractérisait : J'ai tellement vu de scandales de la part de la gent dévote, que je suis descendu à une indifférence complète en matière de religion. Cependant, grâce à l'éducation de ma mère, je n'ose rien nier, bien que je ne crois plus à rien et ne puisse plus me livrer à quelque pratique religieuse. Eh bien, malgré mon incrédulité, je songe constamment aux pieux conseils de ma mère, malgré moi, je balbutie encore la prière originale qu'elle m'apprenait lorsqu'elle guidait si affectueusement mes premiers pas, m'éloignant soigneusement des pentes dangereuses où nous glissons si facilement.

Ces exemples attestent assez que l'influence maternelle est immense, que la sage direction d'une mère intelligente est indispensable, car elle est toujours le chemin du cœur et la voie de l'honneur. Je répète donc avec l'étonnant génie qui mit sa main despotique sur la France, et posa son pied vainqueur sur toutes les citadelles de l'Europe : L'avenir d'un enfant est toujours l'ouvrage de sa mère. Je m'empresse d'ajouter : cet ouvrage est aussi toujours l'œuvre des soins les plus tendres, de la conscience la plus pure. En effet, une femme peut être remplie de défauts ; elle peut même, en certaines occasions, rompre avec la pudeur, mais au milieu de ses enfants, la femme la plus perverse devient généralement une mère pleine d'affection, de prudence et d'amour. Des désordres secrets ont beau bouleverser sa conscience, l'âme maternelle recule devant l'outrage de la famille par un scandale quelconque. Sans doute, les funestes exemples peuvent traverser les murailles les plus épaisses ; leur poison peut s'inoculer dans le sang encore pur des enfants ; néanmoins, malgré tous les oublis particuliers, malgré tous les désordres secrets, la voix d'une mère est toujours salutaire. Bien loin de produire ces vains échos que répercute une vallée stérile, ou un rocher aride, les accents maternels ressemblent à la pluie douce qui tombe goutte à goutte, fécondant le champ affectueux de la famille.

Aussi, que les femmes soient seulement le champ et les hommes la graine, comme le proclame le fameux législateur des Hindous ! Que les mères soient le principe passif et les pères le principe actif, comme l'enseigne l'ange de l'école ! Qu'elles soient aussi créatrices que les hommes sont créateurs, comme le déclarent avec raison les moralistes modernes, leur place est au foyer domestique, au milieu de leurs enfants, non simplement pour contempler ou observer, mais pour commander et diriger. Leur condition naturelle les place au premier rang pour les soins, au premier rang pour la sollicitude, au premier rang pour l'amour. Si quelques malheureuses empoisonnent de leurs passions corrosives le cœur et l'âme de leurs enfants, ces criminelles sont rares ; car presque toutes les mères, tendres ou rigides, patientes ou vives, timides ou hardies, répandent sur les enfants la lumière féconde de l'amour filial, qui sert d'abri mystérieux aux intempéries comme aux orages de la vie.

Pères intelligents accordez toujours aux mères un droit de direction. Bien loin d'amoindrir votre considération ou votre pouvoir, une concession aussi légitime ne fera que grandir le respect dont vous êtes entourés et la puissance que vous donnent la nature et les lois. Laissez surtout aux femmes l'éducation du cœur et de l'âme de vos enfants, votre intelligence supérieure ne sera pas rabaissée, tandis que celle des mères librement directrices, puisera dans cette direction, qui les relève, la force nécessaire à tout gouverneur. Confiez au mères, à l'ombre de votre volonté, vos plus grandes espérances, non comme une faveur ou un privilège, mais comme un droit souverainement égal au vôtre, qu'elles acquièrent par le désir immense qu'elles ont de faire la gloire et le bonheur de toute la famille. Certes l'autorité maternelle si indispensable pour la paix du ménage, si nécessaire pour la condition morale des enfants, si précieuse pour leur avenir, ne diminue en rien le prestige des pères, n'affaiblit en rien leurs prérogatives toutes-puissantes. On dit toujours l'autorité paternelle, et celle-ci peut toujours se montrer, lorsqu'il faut seconder les connaissances intimes des mères, surtout lorsqu'il s'agit d'engager l'existence des enfants. Du reste, en marchant côte à côte, confiants l'un dans l'autre, en partageant l'adorable fardeau de la famille, le père et la mère répandent leurs lumières communes, qui rayonnent efficacement sur le sort et l'avenir des enfants.

Mais tant de pouvoir, tant de puissance pour les mères exigent d'elles les devoirs les plus graves, les obligations les plus touchantes. Il s'agit, en effet, non pas seulement de l'existence matérielle des enfants, il s'agit surtout de leur vie morale et intellectuelle. L'importance de tous ces objets désigne assez l'importance des fonctions des mères. Il est vrai que tant que les enfants vivent sous les ailes protectrices de la maternité ils sont à l'abri des fluctuations humaines, leurs écarts, comme leurs fautes, s'arrêtent sur le seuil de la maison paternelle. Mais que sont les années de l'enfance en face de notre existence qui est heureuse ou malheureuse, indigente ou fortunée, selon que nos premiers pas sont bien ou mal dirigés, selon que nos premiers sentiments sont bien ou mal cultivés. Quelle mission ! quelle responsabilité !

Un jour, je conférais avec un homme plein de sagesse, malheureusement trop effrayé des tendances actuelles sur la manière d'élever les enfants. Cet homme, me montrant l'état de la société sous le jour le plus sombre, attribuait à une direction trop légère des enfants ce qu'il appelait malaise social. Je l'écoutais avec déférence, mais j'étais loin de partager ses principes sur l'éducation de famille. Raideur, sévérité, privation, châtiments corporels même, tels étaient les moyens qu'il croyait les plus efficaces pour former le caractère des enfants et les préparer à remplir un jour honnêtement leur condition sociale. Je lui avouai que je préférais la douceur, la générosité, sans exclure la fermeté ; j'ajoutai que je professais une aversion profonde pour les châtiments corporels, et que j'aimais l'éducation noble, franche, qui laisse les enfants libres dans leurs mouvements, libres dans leur expansion, tant qu'ils restent dans l'enceinte de leurs devoirs.

L'affection que vous portez à la liberté, me répondit mon sévère interlocuteur, vous égare et vous empêche d'apercevoir les conséquences funestes des éducations libres. Quant à moi, je préfère une éducation de fer. Je ne pensais pas, répliquai-je respectueusement, que la chaîne était moralisatrice ; et je ne pus m'empêcher de lui déclarer que je regardais le foyer domestique tel qu'il le désirait comme une prison où les intelligences s'abaissent, où les consciences se faussent, où les esprits croupissent dans l'ignorance de tous les sentiments qui nous ennoblissent, où les cœurs pratiquent de bonne heure un vil égoïsme qui devient plus tard le symbole de toutes les actions, le caractère habituel de toutes les pensées, des futurs chefs et des futures mères de famille. Bien plus, je le remerciai de m'avoir adressé un reproche qui m'honore, puisqu'il avait paru blâmer mon grand amour pour la plus belle, la plus précieuse, la plus distinctive des facultés que Dieu a données à l'espèce humaine ; don sublime sans lequel la raison qui caractérise l'homme ne serait qu'une intelligence enchaînée.

Mais, s'écria vivement le rude savant : Vous marchez à la licence, vous courez aux désordres ? Oh, mille fois non, m'empressai-je de riposter ! je vais plutôt à la source de toute moralité, au fondement de toute responsabilité.

Je fuis comme des monstres la servitude de l'esprit et celle du corps ; car l'une et l'autre ne servent qu'à livrer les hommes aux appétits les plus grossiers, aux passions les plus brutales. Sans doute, le système de l'éducation libérale à ses abus ; mais, dans la famille comme dans la société, l'idéal de la perfection n'est qu'un rêve chimérique. Vous faites fausse route, me fût-il aussitôt répondu ? Non, je ne fais pas fausse route en allant droit au but pour lequel nous sommes créés ; on s'égare plutôt en essayant d'anéantir ou d'aliéner la seule faculté qui nous permet de mériter ou de démériter ; car alors, on attente au progrès, à la morale, au bonheur, on étouffe toutes les aspirations légitimes, on éteint toutes les nobles passions, on s'insurge contre sa destination, on renie l'œuvre du créateur.

Enfin, je terminai ce long entretien, en demandant quel est le plus affectueux et le plus honnête des deux enfants, dont l'un se plaît à voir la figure riante de sa mère, et l'autre se réjouit de son absence. La réponse ne fut pas douteuse, c'est évidemment celui qui aime la compagnie de sa mère ou du moins qui ne redoute pas sa présence ; car le fils ou la fille qui attend impatiemment le départ d'une mère, ou qui appréhende son retour, a certainement l'intention de profiter de son éloignement pour faire le mal. Eh bien, concluai-je, l'enfant qui ne craint pas la présence de sa mère est celui qui est élevé avec douceur, avec générosité, avec fermeté, avec noblesse ; tandis que l'enfant qui redoute sa compagnie est celui qui est traité avec raideur et sévérité, qui est privé et châtié. Ainsi, l'éducation qui paraît vous effrayer est précisément celle qui fait l'enfant comme nous le voulons. Je la conseillerai donc toujours aux éducatrices naturelles de l'enfance.

Œuvre difficile, il est vrai, mais pour laquelle la nature a donné aux mères, la tendresse, la patience et l'amour, en même temps qu'elle a doué de l'innocence et de l'attachement les anges de la famille ; œuvre capitale puisque le sort des enfants en dépend ; œuvre sociale, car les mères ne sont pas seulement les institutrices d'un corps, ni seulement d'une âme, mais d'une fille, d'un garçon, d'une femme, d'un homme, d'une mère, d'un père.

Eh bien, si les mères dirigent leurs enfants, sans s'insurger contre les lois de la nature, sans mettre leurs conseils ou leur enseignement en opposition avec la liberté, conséquemment avec la raison et la justice, elles leur ouvrent la route du bonheur, elles leur assurent celle de l'honneur.

Ecoutons les paroles d'une mère aussi douée de raison que pleine de tendresse : Je ne veux pas, disait-elle, tyranniser mes enfants, ni même les empêcher de jouir du bonheur attaché à leur âge. Non pas que je prétende laisser exposer leur avenir pour une jouissance du présent, mais puisque je suis chargée de les rendre raisonnables, je dois d'abord être moi-même plus raisonnable qu'eux; par conséquent, je ne saurais les priver d'un amusement, d'une distraction, d'un plaisir, pour la vaine prétention de faire peser sur eux l'autorité maternelle, pour la ridicule satisfaction de contenter un caprice personnel, pour la sotte faiblesse de me laisser aller à un mouvement d'humeur. Je sais bien que les mères ont mille raisons de s'impatienter, mais je sais aussi qu'elles doivent faire mille efforts sur elles-mêmes, c'est l'intérêt de nos enfants. Je cherche donc avant tout à bien étudier leur cœur, et j'apporte à leur direction une grande indulgence qui m'attire leur confiance. Si je les effrayais par des menaces ou par un air trop sévère, ils dissimuleraient leurs inclinations, ils cacheraient leurs pensées, leurs projets. Alors, non seulement je ne connaîtrais pas leurs mauvais penchants que je ne pourrais redresser, mais je sèmerais moi-même dans leurs jeunes intelligences la honteuse habitude du mensonge. Je n'intimiderai donc jamais leur nature; tout en les occupant en temps convenable à des travaux en rapport avec leur âge, je les entourerai d'objets propres à exciter leur curiosité, je tiendrai constamment éveillée leur attention; je m'inspirerai surtout des sages conseils d'un philosophe éclairé, qui dit que les mères ne doivent pas être toujours inexorables; que pour rendre docile une jeune personne, il ne faut pas la rendre malheureuse; que pour la rendre modeste, il ne faut pas l'abrutir.

Oui, c'est avec les charmes de la douceur, avec la grandeur de la liberté que les mères généreuses inspirent à leurs enfants l'honnêteté laborieuse, et leur donnent la vraie lumière. Si le foyer domestique est le champ de bataille où les femmes luttent de tendresse et d'amour pour le triomphe et le bonheur de la famille, les combattants sont les enfants que Dieu à confiés aux soins des mères, si heureuses d'être, sous la raison des pères, leur aimable Providence. Or, un jour les enfants se sépareront, ils s'envoleront comme les jeunes oiseaux que leurs plumes garantissent, que leurs ailes soutiennent. L'œil maternel les suivra, il sera toujours ouvert sur leurs actions comme sur leur destinée. Quelle consolation alors pour les mères si les enfants, avec leur riche nature bien cultivée, se retournent vers elles pour les couvrir à leur tour des soins les plus affectueux! Quelle satisfaction, pour les éducatrices de la famille, de jouir des fruits reconnaissants de cette direction honnête, franche, généreuse, qui, en développant dans les enfants les plus heureux sentiments, jette dans leur cœur cette semence d'amour qui nous revient déjà, mais qui n'y fleurira dans tout son élan, que le jour où de petits enfants viendront réjouir les nôtres, récompenses glorieuses, jouissances incomparables pour les mères qui, par l'exemple alors si puissant, impriment fidèlement dans l'esprit, gravent profondément dans le cœur des enfants, les grandes vertus filiales, qu'ils s'honorent ensuite de cultiver.

Considérez une jeune femme qui a vu constamment sa mère, n'habitant pourtant qu'une mauvaise masure meublée de quelques chaises dépouillées, d'une table vermoulue, de deux ou trois lits séculaires, tenir continuellement la maison reluisante de propreté, les charpentes des chaises, la table, le lit, cirés, frottés, miroitant comme autant de glaces resplendissantes, qui a remarqué chaque chose toujours à la place qui lui convient, qui a compris que les soins brillants du ménage ne sont pas seulement des qualités apparentes, mais des vertus réelles, attestant l'ordre dans les idées, la délicatesse dans les pensées, ayant une grande influence sur le bonheur, ainsi que sur la prospérité de la famille ; cette jeune femme, devenue maitresse d'une maison, simplement ou richement meublée, ne tiendra-t-elle pas à son tour toutes les chambres dans une propreté extrême ? Est-ce que les carreaux ne seront pas chaque jour frottés ou lavés à grandes eaux ? Apercevra-t-on sur les meubles vernis un grain de poussière qui les ternisse ? la pelle, les pincettes du foyer ne seront-elles pas aussi éclatantes que de l'acier poli ?

Si, au contraire, cette jeune personne a été élevée dans une chambre d'un aspect désagréable, où son œil ne rencontrait aucun objet à sa place, où la poussière couvrait les meubles, où l'araignée suspendait ses toiles, fera-t-elle un jour une sévère inspection des chambres de la maison qu'elle dirigera ? visitera-t-elle tous les coins et recoins ? remarquera-t-elle la confusion qui s'accroîtra chaque jour ? apercevra-t-elle seulement les effets d'habillement traînant sur les chaises qui, elles-mêmes, seront tournées en tous les sens, encombrant tous les passages, fermant l'accès des portes et des fenêtres ? O mères, si votre cœur est éloquent que vos exemples sont entraînants !

Eloignons-nous maintenant du berceau et pénétrons dans le sanctuaire de la condition des mères. Le droit de diriger les enfants impose évidemment le devoir de les instruire ; l'ignorance aveugle ne sachant apercevoir un guide quelconque. A qui incombe ce grand devoir, si décisif pour notre existence? Nul ne conteste que les mères ne soient les institutrices naturelles et les premières éducatrices de la famille. La nature, qui a procuré aux mères le bonheur de sourire les premières aux enfants, leur a certainement imposé la douce obligation de développer les premières la pensée que le Créateur a déposée dans leurs âmes innocentes.

Apprendre aux enfants à marcher, à sauter, à courir, à bégayer, ne saurait constituer toute la mission des mères. Les bornes seraient trop étroites, le champ est plus vaste ; il faut qu'elles les habituent à penser, qu'elles leur apprennent à raisonner.

L'instruction de la famille est le rôle par excellence des femmes. Ce n'est pas seulement l'intérêt suprême des enfants, c'est la moralité souveraine des mères, développer les intelligences, régler les penchants, suivre prudemment les inclinations, former les cœurs, élargir les âmes, c'est jeter toutes les semences morales qui fécondent le terrain intellectuel, qui le préparent à la précieuse moisson du mérite et de la gloire ; c'est inspirer aux garçons, le courage, l'audace, la bravoure, le respect, le travail ; aux filles, la politesse, la propreté, la tendresse, la bienfaisance, à tous l'honneur et le dévouement. Or, comment les mères pourraient-elles faire jaillir tant de sentiments, si elles n'alimentaient elles-mêmes, par la pratique du beau, du bien, leur canal inépuisable de vertus? Comment pourraient-elles inspirer la pudeur à leurs filles, sans être elles-mêmes des modèles de continence? Comment pourraient-elles leur communiquer l'industrieuse activité qui chasse l'ennui, mortel ennemi de la moralité des femmes, sans être des exemples perpétuels de vigilance! Pour instruire les autres, il faut être instruit, il faut s'instruire, pour les moraliser, il faut être moral, il faut se moraliser soi-même.

Mais avant d'annoncer aux mères leurs devoirs sur l'éducation morale des enfants, sur l'éducation intellectuelle des filles; car je suis de ceux qui pensent que l'instruction proprement dite des garçons appartient à l'enseignement public, je traiterai brièvement l'éducation physique. En disant brièvement, ce n'est pas que je méconnaisse son importance, mais je sais que nous prenons généralement assez de soin pour tout ce qui frappe notre vue, pour tout ce qui touche à nos intérêts matériels. L'affectueuse amabilité des mères est un garant naturel pour cette éducation qui consiste principalement dans une nourriture saine, dans des exercices réguliers, dans des occupations en rapport avec les forces du corps.

L'esprit humain, en effet, subit l'influence de la nourriture que nous prenons chaque jour. « La nature » de nos aliments et de nos boissons, dit Bonnin, non » seulement modifie notre tempérament primitif, mais » ils agissent au point de déterminer nos penchants, » nos goûts, nos habitudes. » Il est donc nécessaire de ne pas vicier, par un régime alimentaire excessif, le sang, les humeurs, ce serait alimenter les désordres moraux.

Rousseau avait écrit avant Bonnin : « Porter les soins
» d'une mère à l'excès, lorsqu'elle fait de son enfant
» son idole, qu'elle augmente et nourrit la faiblesse
» pour l'empêcher de la sentir, et qu'espérant la sous-
» traire aux lois de la nature elle écarte de lui des
» atteintes pénibles..... Elle accumule, au contraire,
» des accidents futurs. »

Le grand philosophe proclamait alors une de ces vérités humaines, qu'il savait si bien découvrir dans les mystères de la nature. Si on lui avait demandé parmi les mères qui élèvent trop rudement ou trop mollement leurs enfants celles qu'il préférait, il aurait certainement répondu, sans approuver ni les unes ni les autres : J'aime mieux une Thétis qui, pour rendre invulnérable son fils Achille, trempa courageusement dans les eaux du Styx, celui qui devint le plus vaillant des vieux Grecs. Donc, en éducation physique, pas de rudesse, encore moins de mollesse.

Je me bornerai à ces courtes considérations, soit pour les raisons que j'ai indiquées ci-dessus, soit parce que l'éducation physique n'est qu'une partie de la mission des femmes. Les mères, en effet, ne sont pas seulement chargées de distribuer aux enfants le pain gagné par les pères ; leur rôle ne se borne pas non plus seulement à les vêtir. Responsables de l'âme de leurs enfants, elles doivent l'éclairer, responsables de leur avenir, elles sont naturellement obligées de seconder les pères, afin d'assurer cet avenir. L'obligation d'instruire ceux à qui elles ont donné le jour, est pour elles d'autant plus rigoureuse que, n'occupant aucune situation politique, elles remplissent leur mission de citoyennes en donnant à la patrie des citoyens éclairés, des femmes instruites.

Aujourd'hui les nations civilisées, comprenant que l'instruction est le premier de tous les biens comme l'ignorance est la plus inique des inégalités, suivent toutes le mouvement irrésistible qui entraîne les peuples aux conquêtes pacifiques des arts et des sciences. La plupart des gouvernements ont rendu l'instruction primaire obligatoire. L'enfant est aussi obligé de s'asseoir sur les bancs de l'école que le jeune homme est tenu de servir son pays lorsque la loi l'appelle pour garder les citadelles ou défendre les frontières. La France, notre belle France, qui a pourtant toujours été le foyer des grandes lumières, avait laissé, il est vrai, jusqu'à présent le plus vaillant, le plus généreux des peuples, un des plus ignorants. Mais le gouvernement républicain a d'un seul bond dépassé tous ses voisins ; il a proclamé solennellement l'obligation de l'instruction gratuite et laïque, pour tous les enfants de 6 à 13 ans révolus, en inscrivant dans ses lois le premier des devoirs civiques.

Bientôt la grande nation dont le flambeau salutaire a rayonné jusque dans les pays les plus reculés, n'aura plus la douleur de voir chez elle-même des citoyens, des femmes plongés dans l'ignorance la plus humiliante. Il y a seulement vingt-cinq ans, l'armée comptait un tiers d'illettrés ; dans dix ans tous les soldats sauront lire et écrire ; un grand nombre sauront compter. Chez les femmes la proportion de l'ignorance était encore plus grande, le recensement fit connaître que la moitié ne savait pas signer, conséquences déplorables de l'enseignement monastique, alors plus répandu pour les filles que pour les garçons.

Aujourd'hui le bon sens prévaut, la raison domine ; les hommes éclairés comme les patriotes sincères, réagissent contre l'enseignement localisé dans des formules mystérieuses, tous demandent l'éducation féminine dans toute son expansion : grandeur d'âme, sentiment national, caractère élevé, intelligence développée, création de mères éducatrices de leurs enfants, institutrices de leurs filles. Voilà la culture féconde de l'esprit des femmes, culture qui produira bientôt des fruits impérissables, malgré les déclamations insensées du fanatisme, tendant à faire croire que l'instruction avancée défigure le naturel, change le caractère des femmes : Comme si les charmes ne s'alliaient pas avec la raison, comme si la pudeur était l'ennemie de la lumière, comme si l'amour était incompatible avec la science.

Certes, les apôtres de la doctrine de recul, ont souvent affirmé que la femme est versatile, impressionnable, aussi facile pour le mal que docile pour le bien ; ils affirment d'ailleurs que l'instruction est une nourriture aussi substantielle pour l'âme, que féconde pour l'esprit, ils avouent que c'est le remède le plus efficace contre l'ennui, un puissant préservatif contre la séduction, et ils refuseraient cette nourriture aux natures délicates, ce remède aux natures soucieuses, ce préservatif aux natures faibles ? Par quelle bizarre contradiction étoufferaient-ils donc chez les femmes les sentiments des grandes conceptions, glaceraient-ils leur cœur sur les plus belles émotions de la nature humaine ? Pourquoi, par des études oiseuses ou mystiques, entretiendraientils au contraire ce feu inextinguible qui alimente les fièvres ardentes de l'imagination des femmes, imagination qui exerce chez elles une si funeste influence, lorsque cette faculté, d'ailleurs si agréable, n'est pas modérée par le bon sens, lorsqu'elle n'est pas guidée par la raison? Au lieu de leur faire découvrir quelque source nouvelle de bonheur, au lieu de les aider à trouver une perfection supérieure aux avantages qu'elles possèdent, est-ce que la folle de la maison ne les attristerait pas par de vaines inquiétudes ? Est-ce qu'elle ne les rendrait pas mécontentes de leur propre existence, de leur situation secondaire, en leur faisant faussement apprécier les affaires ordinaires de la vie, en les transportant dans un monde étranger, où l'on rêve des bonheurs chimériques ? Car, si l'imagination est pour la femme instruite le rayon le plus aimable de l'intelligence, pour la femme ignorante, c'est une conseillère perfide, n'inspirant que des chimères animées d'une sensibilité errante ou maladive.

Ecoutons les anciens : Exceller dans la science, disaient-ils, est glorieux pour les femmes comme pour les hommes ; vivre dans l'ignorance ou l'erreur est pour elles un malheur, une honte. Aussi, lorsque les mères sont libres des soins et des affaires du ménage, doivent-elles s'instruire elles-mêmes, instruire leurs filles, en leur montrant l'étude des secrets, la connaissance des merveilles de la nature, comme une nourriture naturelle de l'esprit et de l'âme, en les élevant dans cette grande idée, que rien n'est supérieur à la science, et que rien ne vaut la culture de l'intelligence.

Ce beau mot de culture, me rappelle une visite

instructive à une ferme, où l'on applique les méthodes agronomiques les plus parfaites. Les outils, les charrues, les machines resplendissaient comme de l'acier poli, une large place était réservée à chaque animal, des fenêtres ménagées au-dessus des têtes du bétail, des portes habilement disposées facilitaient une salutaire ventilation, un pavé soigneusement établi, avec une pente légère, faisait écouler les urines qui sont ordinairement un foyer d'infection, tout était bien disposé pour prévenir les maladies qui surviennent ordinairement dans les écuries qui ne sont aérées que par une porte s'entr'ouvrant seulement pour les besoins du service. Je fus gracieusement introduit dans la chambre-cuisine, où je trouvais les ustensiles dans une propreté admirable, dans un ordre parfait.

Mais, ô surprise ! la vigilante fermière et sa fille laborieuse avaient leur chevelure en désordre ; des vêtements malpropres ou déchirés couvraient deux belles femmes, des traits superbes cachaient une profonde ignorance. Je me retirai respectueusement me demandant si, dans cette maison, il ne valait pas mieux être génisse que femme.

Ah pourquoi, m'écriai-je ensuite, tant de soins pour les choses matérielles, et tant de négligence pour l'esprit ! La culture de la terre vaut donc plus que celle des facultés intellectuelles ? Il faut donc dire encore aujourd'hui comme Diogène de Sinope, raillant l'ignorance des Mégariens, qui ne donnaient à leurs enfants aucune connaissance des arts, mais qui prenaient un grand soin de leurs troupeaux. J'aimerais mieux, disait-il, être le bélier d'un Mégarien que son fils.

Les richesses intellectuelles sont pourtant les seules qui peuvent impunément braver les injustices de la fortune. La science est tellement le seul bien qui résiste aux épreuves inexorables du temps qu'autrefois les Athéniens, dont les lois ordonnaient aux enfants de nourrir leurs parents, n'imposaient cette obligation qu'à ceux à qui ces parents avaient donné quelque instruction. Oh! que les mères, abandonnant les bagatelles, délaissant les frivolités, inspirent à leurs filles le goût des connaissances importantes, toujours dignes de notre admiration! Qu'elles sachent surtout qu'au lieu de rompre la différence que la nature a mise entre l'homme et la femme, l'éducation conserve à l'un comme à l'autre leurs qualités spéciales et les perfectionne. La science est pour le genre humain ce que la terre est pour les plantes qui puisent chacune leur nourriture dans la mère commune et n'en produisent pas moins chacune, leurs fleurs distinctes, leurs fruits particuliers ; elle est le domaine des femmes comme celui des hommes.

Mais revenons aux mères éducatrices. Ce qui précède nous montre assez qu'il ne suffit pas de préparer les filles aux fonctions ménagères ; leur apprendre à faire un dîner, les habituer à diriger le ménage, c'est sans doute une œuvre de nécessité matérielle ; mais c'est une œuvre imparfaite. Si l'on ne franchit pas cette limite, on s'expose à plonger dans l'ennui la future mère dont l'ignorance ferait de sa vie un supplice perpétuel. L'enseignement maternel est donc nécessaire.

Je dis d'abord que lorsque les mères instruisent bien leurs filles, elles élèvent bien les hommes ; car ceux-ci puisent dans le cœur et l'âme d'une épouse éclairée, leurs meilleurs sentiments ainsi que leurs plus belles pensées. La science des femmes, en effet, n'est pas seulement pleine de charmes, de tendresse et d'amour; mais elle est remplie de cet esprit de dévouement et de sacrifice qui, par de continuels exemples de désintéressement, de bienfaisance, d'assistance et de privation, communique aux hommes la générosité, le courage, le patriotisme, tandis que l'ignorance, pour les épouses le pire des esclavages, pour les maris le plus dangereux des maitres, pour tous les deux la source empoisonnée des brutales passions, laisserait la famille dans un humiliant abêtissement, passant ainsi de génération en génération. La science des mères est encore plus efficace, plus féconde, plus parfaite. C'est un canal divin, faisant couler dans l'âme de la famille, cette doctrine qui plait, qui console, qui fortifie, qui épure, qui grandit; cette doctrine qui inspire continuellement le devoir, qui maintient les cœurs droits, les consciences honnêtes; de cette doctrine qui, en semant toujours l'espérance, imprime jusque dans la moëlle des os des enfants, des leçons toujours vivantes dans leur cœur et leur esprit.

Que les adversaires de l'enseignement donné dans la famille ne disent donc plus que parce qu'il y a des mères incapables de pouvoir donner à leurs enfants une instruction suffisante, il faut bannir toute leçon du foyer domestique, afin de ne pas favoriser l'ignorance ou afin d'alimenter l'erreur. Ces mères elles-mêmes, à moins d'être plongées dans l'ignorance la plus profonde, sont encore de bonnes institutrices. Le désir immense qu'elles ont de voir leurs enfants acquérir le trésor impérissable de la science les éclaire, les guide, supplée à tout. L'amour maternel découvre et devine.

Oui, quand même les connaissances de quelques mères ne leur permettent pas de développer dans toute son expansion, l'intelligence de leurs filles, l'influence de leurs leçons est toujours toute-puissante, toujours prudemment éclairée, toujours éminemment morale : Le cœur d'une mère connaît tous les récifs, tous les écueils, tous les vents, toutes les côtes, tous les abris, tous les ports ; l'immensité de son amour, fait l'immensité de ses connaissances ; c'est en tout temps une étoile fidèle qui éclaire et qui guide.

Aussi, que les mères instruisent elles-mêmes ou fassent instruire leurs filles ; qu'elles confient tous leurs enfants à la sollicitude intelligente des maisons d'éducation, leur vigilance doit toujours être active ou inspiratrice ; active lorsqu'elles jettent de leurs propres mains la semence féconde de la science, inspiratrice lorsqu'elles font jeter cette semence par l'enseignement public qui nourrit alors les cœurs comme les âmes de toutes les vertus civiques et morales, qui les dote de tous les dons les plus brillants, de la lumière la plus éclatante ; énergie, fermeté, courage, patriotisme, entrain, élan, émulation, succès, union, grandeur d'âme. Avec le concours des mères, l'éducation publique est dans sa plus parfaite unité, jouissant de toute sa force, ayant toute sa portée pour redresser les natures les plus rebelles, pour corriger les inclinations les plus perverses, pour inspirer les vertus les plus pures.

Oh ! c'est alors que l'instruction, loin de déchirer les pages éloquentes du livre maternel, ennoblit les sentiments d'honneur que la mère a déposés dans le cœur de l'enfance ; c'est alors qu'elle grave en caractères ineffaçables les leçons les plus salutaires. Lorsque les chefs de famille, maîtres et maîtresses, marchent d'accord dans l'éducation des enfants, la science suit la voie sûre du progrès moral et scientifique. Mères intelligentes, riches ou pauvres, rentières ou ouvrières, soyez toujours les premières sur la brèche glorieuse pour combattre l'ignorance et faire pénétrer dans tout son éclat, dans toute sa grandeur, la science dans la famille.

J'ai dit dans tout son éclat, dans toute sa grandeur, car il ne faut jamais rétrécir le champ de la pensée. Apprendre à lire, à écrire, à compter à des filles qui doivent un jour devenir des épouses et des mères, ne constitue qu'une partie de leur éducation. Il importe surtout d'agrandir leurs idées, d'éclairer leur conscience, d'accroître leur intelligence, de fortifier leur volonté, de régler leurs passions, d'élever leur raison, d'élargir leur âme, de nourrir cette âme de vertus généreuses, de bannir le mensonge de tout leur être pour le remplir des plus belles vérités, de faire jaillir de tous les pores de cet être charmant les sentiments les plus sublimes. Pas de frivolités, pas de légèretés, pas de futilités, pas de vanités ; de la fierté, de la grandeur, de l'honneur, de la vertu dans l'âme, de la vigueur dans l'esprit.

Je termine cette partie délicate de l'instruction que doivent donner ou faire donner les mères, en analysant les pensées d'une femme aussi distinguée par le cœur que par l'esprit : Je ne prétends pas, disait cette mère vertueuse, faire de ma fille un jouet, ni une marchandise, ni une esclave, ni une idole, encore moins une dévote. Jusqu'à présent j'ai suivi les sages avis de Fénelon conseillant à une dame de qualité d'instruire elle-même sa fille, en lui disant que son instruction valait mieux que celle du couvent, et j'ai constamment éloigné ma chère enfant de l'enseignement monastique qui ne reluit que de pratiques religieuses, de coquetterie brillante, de toilettes éclatantes, de vanités mondaines, de cet enseignement qui inspire quand même le mépris du monde où je vis moi-même et où je veux que ma fille vive, de cet enseignement qui prêche l'horreur des salons, des bals, des spectacles, où je vais moi-même et où je veux que ma fille aille. Loin d'être une femme irréligieuse, j'assiste aux grandes cérémonies du culte où j'ai été élevée, et j'y conduis franchement ma fille. Mais je fais tout cela avec beaucoup de circonspection, de prudence et de sagesse. Car je sais que rien ne contribue plus que l'exagération de la dévotion à rendre les femmes superstitieuses, dédaigneuses, orgueilleuses et surtout paresseuses. Je crois que c'est en parlant de nous que l'auteur immortel des *Provinciales* a dit : Qui veut faire l'ange fait la bête.

Concluons : La mère est la première institutrice, la perpétuelle éducatrice de la famille. Son activité est indispensable, son concours est toujours nécessaire; mais son instruction, quelque charmante, quelque éclairée qu'elle soit, est ordinairement insuffisante : l'instruction publique doit donc compléter l'éducation maternelle. Que la mère sème ! que l'école ou le collège cultive ! les enfants récolteront.

Voici la famille instruite. Le rôle de la mère cesse-t-il

d'être actif ? Ne faut-il pas, au contraire, utiliser généreusement les connaissances acquises au foyer domestique, à l'école, au collège ? Nous avons vu que l'instruction guide les femmes dans les grandes luttes de la vie, qu'elle leur fournit des armes salutaires pour le combat, qu'elle les place à l'avant-garde dans la régénération sociale, qu'elle en fait des mères intelligentes, des citoyennes éclairées mettant tout leur savoir, tous leurs talents, au service de leurs enfants et de leur pays : ajoutons qu'elle leur donne le pouvoir de réformer les familles qui réforment ensuite le monde. Mais tous ces immenses privilèges constituent-ils toute l'existence humaine? Les nécessités matérielles de la vie ne se présentent-elles pas avec tout leur pénible cortège ? Pour triompher de ces nécessités, y a-t-il d'autres armes que celles du travail ? Ces armes, d'ailleurs si honnêtes, peuvent-elles être portées sans apprentissage ? Interrogez-vous, ô mères, quel que soit votre état, l'avez-vous exercé sans l'apprendre ? En avez-vous, seules, découvert les difficultés, deviné les secrets ? Alors, vos filles, comme vous-mêmes, n'ont-elles pas besoin d'apprentissage ? Qui veillera donc à cet acte important de la condition féminine ? les mères, encore les mères !

J'ai assez montré que le travail, étant aussi nécessaire à la nature féminine qu'à la nature masculine, il ne sied pas à la bonne harmonie de la famille de faire de la femme un simple symbole de grâces et de beauté. L'idéal poétique peut seul représenter l'être le plus charmant, sans doute, comme une créature angélique, aux ailes azurées, se débattant gracieusement dans un air embaumé, aux pieds délicats touchant à peine la terre, aux mains pures se souillant au léger toucher d'un fuseau, d'une navette, d'un ciseau, d'une aiguille. Car la raison humaine, tout en rendant hommage aux sentiments gracieux de l'esprit des femmes, à l'aimable délicatesse de leur cœur, à la faiblesse naturelle de leur corps, s'écrie avec l'auteur admirable de l'*Histoire morale des femmes*. « Ah ! du travail, du travail pour » ranimer ces cœurs, pour purifier et remplir toutes » ces existences ! Dieu a placé de bien rudes épreuves » sur cette terre, mais il a créé le travail, tout est » compensé. Les larmes les plus amères tarissent grâce » à lui ; consolateur sérieux, il promet toujours moins » qu'il ne donne ; plaisir sans pareil, il est encore le sel » des autres plaisirs. Tout vous abandonne, la gaieté, » l'esprit, l'amour ; lui, il est toujours là, et les profondes » jouissances qu'il vous procure ont toute la vivacité » des enivrements de la passion avec tout le calme des » plaisirs de la conscience. »

Dans un langage non moins profond, Jules Simon, dans son charmant livre de l'*Ouvrière*, réclame le travail pour les épouses comme pour les mères, sans distinction de rang et de fortune : « De ce que le principal devoir » des femmes, dit-il, est de plaire à leur mari et d'élever » leurs enfants, il n'est pas raisonnable de conclure que » c'est là leur seul devoir. Nous tombons à cet égard » dans les contradictions les plus déplorables, car nous » condamnons les femmes du peuple à périr par l'excès » du travail, et les femmes du monde à périr par l'excès » de l'oisiveté. Dans les familles riches, les hommes et » les femmes sont d'accord qu'à l'exception des devoirs » de mère de famille, les femmes n'ont rien à faire en

» ce monde ; et, comme pour la plupart d'entre-elles, cette » unique occupation, même consciencieusement remplie, » laisse encore vacante de longues heures, elles se » soumettent scrupuleusement au supplice et au » malheur de l'oisiveté, atrophiant leur esprit par ce » régime contre nature, exaltant et faussant leur sensi- » bilité, tombant par leur faute dans des affectations » puériles et des langueurs maladives qu'un travail » modéré leur épargnerait. Ce préjugé est poussé si » loin qu'il y a telle famille bourgeoise dont le chef se » condamne à un labeur obstiné pour gagner tout juste » le nécessaire, tandis que sa femme, épouse vertueuse, » tendre mère, capable de dévouement et de sacrifices, » passe son temps à faire des visites, à jouer du piano » et à broder quelque collerette..... C'est bien peu » respecter les femmes, c'est en faire bien peu de cas » que de perdre ainsi volontairement ce qu'elles ont » d'esprit, d'ordre, de bon goût, de rectitude morale, » disons même de disposition à l'activité : car les femmes, » quand les préjugés ne les gâtent point, aiment le travail ; » elles sont industrieuses ; ces mollesses et ces langueurs » où nous voyons tomber leurs esprits et leurs organes » leur viennent de nous et non pas de la nature. » Même pour la seule tâche dont elles sont encore en » possession, pour la tâche d'élever leurs filles, et de » commencer l'éducation de leurs fils, croit-on qu'elles » y soient propres, quand elles ne donnent point » l'exemple d'une activité sagement dirigée, quand leur » esprit manque de cette solidité que peuvent seuls » donner le contact des affaires et l'habitude des » réflexions sérieuses ? Admettons que les femmes

» soient aussi frivoles qu'on le prétend, ce qui est loin
» d'être établi : on ne comprendra jamais quel intérêt
» la société peut avoir à entretenir, à développer cette
» frivolité, et pourquoi notre monde, affairé et pratique,
» s'efforce à conserver aux femmes le triste privilège
» d'une vie à peu près inoccupée. »

Donc, nécessité pour toutes les femmes, riches ou pauvres, de se livrer à quelque occupation utile afin de briser les lourdes chaines de l'ennui ; nécessité pour les femmes des industriels ou des commerçants, non seulement de connaître la manière de tenir les comptes, de savoir correspondre, de pouvoir observer le mouvement des affaires, mais de mettre au service de ces connaissances précieuses toute leur industrieuse activité, en un mot, de payer, comme les maris, de leur propre personne ; nécessité, hélas ! souvent trop nécessaire pour les femmes intéressantes de la classe ouvrière, d'apprendre un état, afin de pouvoir, dans les circonstances douloureuses, se suffire elles-mêmes et élever leur chère famille, afin de pouvoir, en toute occasion, compléter le modique salaire des maris, lorsque leur situation le permet. Je dis lorsque leur situation le permet, car souvent la profession des maris absorbe tous les instants des maîtresses de maison. Mais, si cette profession permet aux femmes de concourir au bien-être du ménage, en pratiquant l'état qu'elles ont appris dans leur jeunesse, rien ne contribue plus à la prospérité de la famille. Du reste, il est rare qu'une mère vigilante ne redouble pas d'activité dans son ménage afin de se réserver quelques instants, pendant lesquels elle s'arme des outils de son état, soit pour coudre, soit pour tisser, soit pour confectionner.

Je le répète, nécessité pour les femmes de se livrer à des occupations lucratives et propres à entretenir l'esprit de famille; nécessité pour le plus grand nombre des mères à faire apprendre à leurs filles un état, offrant toute sécurité pour la vertu.

Il y a pour les femmes, comme pour les hommes, des professions compatibles avec les fonctions du foyer domestique et des états qui ne peuvent s'exercer que loin de la maison. Lorsque les femmes, tout en ajoutant, par un travail peut-être accidentel, mais enfin lucratif, à l'aisance commune, peuvent remplir scrupuleusement leurs devoirs d'épouse et de mère, leur état est plus favorable à la paix comme à la prospérité de la famille; car alors elles apportent un bien-être sensible dans la maison, sans s'arracher un seul instant aux soins du ménage, leur principale occupation. Leur concours laborieux est encore plus fécond, plus honnête, lorsqu'elles partagent la profession du mari, le secondant continuellement, sans jamais se séparer des enfants qui voient toute la journée une mère diligente développant par ses conseils, comme par ses exemples, leur cœur et leur jugement, une mère complaisante resserrant par ses charmes les liens sacrés de la famille, une mère dévouée unissant l'honneur à la peine, le devoir au travail.

Puisque les femmes sont appelées à diriger un ménage, il vaut donc mieux donner aux filles une profession essentiellement féminine, c'est-à-dire faire le choix d'un état qui s'exerce dans la famille où la femme doit vivre.

Ce n'est pas qu'il faille considérer le travail dans les ateliers ou les manufactures, comme le tombeau des vertus féminines. Sans être aussi à l'abri que chez des maîtresses ou elles retrouvent la vie de famille, où le souffle impur de la séduction ne saurait ternir la pureté de l'âme, les femmes, qui veulent bien se conduire, passent leurs longues heures de travail avec autant d'honnêteté dans cette atmosphère viciée sans doute par certaines ouvrières sans réserve, mais purifiée par bien des exemples d'honnêteté, par de nombreux modèles de vigilance, assainie par l'active surveillance de chefs sévères. Les dangers, en effet, que présente le travail extérieur tombent moins sur les femmes elles-mêmes que sur les maris qui alors trouvent souvent l'épouse absente, et conséquemment la maison en désordre. L'ennui, le dégoût s'emparent des plus courageux qui vont chercher au dehors des distractions, au lieu du bonheur qu'ils devraient toujours trouver au logis, les plus fidèles oublient quelquefois le chemin du foyer conjugal. Encore tous ces abus, tous ces désordres viennent-ils plutôt du cœur, qu'ils ne sont la conséquence de telle ou telle profession.

Une jeune femme laborieuse, pleine d'affection pour son mari, remplie de tendresse pour ses enfants, me racontait qu'elle exerçait son état tantôt à l'intérieur de la maison, tantôt à l'extérieur, et que rien n'avait modifié ses habitudes, ni changé ses sentiments. Il est vrai, ajouta-t-elle, que j'ai été élevée par une mère, aussi bonne ménagère qu'aimable travailleuse, qui dès mon enfance, m'a montré le parti qu'on peut tirer de toutes choses. Use le moins possible m'a-t-elle souvent répété, économise sur tout; rentre dans les plus petits détails; connais un jour tous les coins et recoins de ta maison; aie la science de ton ménage aussi bien que celle de ton état, fuis le vice comme le pire fléau des femmes, mais ne t'effraye pas à son aspect, la vue des fautes ne saurait blesser l'honnêteté.

Cette éducation intelligente m'avait appris bien des choses dès mes plus tendres années. Ainsi j'étais encore toute enfant que je faisais mon lit, je balayais, j'allais aux provisions, j'aidais à faire le dîner, je raccommodais mes vêtements, je maniais habilement l'aiguille, précieux instrument qui me permet aujourd'hui de doubler mes ressources communes.

A l'âge de dix-sept ans, j'allais travailler dans un atelier, où un grand nombre de jeunes filles sont en rapport avec les hommes, je m'y rendais seule, je revenais seule, ma mère ne pouvant m'y accompagner que par la pensée. Cette manière de vivre, qui apparait si pleine de périls, n'altéra nullement les bonnes manières que m'avait données l'éducation maternelle. Au bout d'un an, j'appris mon état, et je l'appris dans une maison où il y avait plusieurs apprenties. Maintenant je l'exerce, comme je le disais tout à l'heure, tantôt sous les yeux de mon mari, à côté de mes enfants, tantôt loin de ces regards si vertueux pour une épouse, si encourageants pour une mère. Je n'ai jamais remarqué que ces différentes manières de travailler aient influencé soit sur mes idées, soit sur mes sentiments, et m'aient encore moins détournée de la route naturelle que suivent toutes les femmes laborieuses.

Cependant les avantages d'un état qui permet aux femmes de ne pas abandonner leur ménage, et de ne pas se séparer des objets qui leur sont si chers, ont encore une grande supériorité sur ceux de ma profession Mieux vaut un travail constamment intérieur, qui prévient les troubles, les orages quelquefois trop fréquents dans les ménages. Mais tout état qui accroît l'aisance dans la famille, est un rayon de soleil dissipant les nuages et ramenant le calme. C'est par là que le mérite des mères consolide l'édifice domestique, en l'abritant contre les déceptions imprévues ; c'est par un appoint quelconque de leur travail qu'elles peuvent mieux préparer les enfants aux luttes physiques et morales de la vie, les disposer au triomphe de ces luttes, d'ailleurs toujours plus salutaires et plus glorieuses pour ceux qui ont succé le lait maternel, et qui ont reçu au foyer domestique les premières leçons de la science.

CHAPITRE X.

La Veuve.

Je touche presque au terme de mon ouvrage, et j'arrive à une époque où la malheureuse condition des femmes mérite quelquefois notre admiration, souvent notre intérêt, toujours notre respect. La mère n'est plus épouse ; l'implacable fatalité qui anéantit impitoyablement toutes les existences a délié l'indissoluble union ; la mort barbare a séparé deux cœurs et deux âmes. Il ne reste à l'épouse désolée que l'espérance de revoir dans des sphères inconnues, un mari qu'elle aime encore, un père qui s'est reposé, laissant à toute la famille des exemples de travail, de dévouement et de sacrifices. Que fera l'épouse désolée ? Que deviendra l'infortunée mère ? Sans appui, sans soutien, pourra-t-elle, avec ses seules forces, soutenir le double fardeau du veuvage et de la famille ? Alors, passera-t-elle le reste de sa vie dans la solitude du célibat, en pensant que le cœur d'une femme ne doive palpiter que pour un seul époux, et qu'après la mort du premier mari elle soit contrainte de passer la nuit et le jour dans le délaissement, ensevelissant toutes ses affections avec les cendres précieuses et respectables, sans doute, mais avec les cendres d'un homme qui a vécu? Rester fidèle à la mémoire d'un époux a certainement quelque chose de noble, car la vie d'isolement, la vie d'abnégation pour une femme tient quelquefois de l'héroïsme. Mais cette fidélité est-elle souvent possible ?

Avant d'en parler, ouvrons pour la dernière fois l'histoire de l'antiquité, et voyons ce que devenaient les veuves.

Chez certains peuples, et particulièrement chez les les Indiens, les femmes étaient tellement les esclaves aveugles de leur mari, qu'elles regardaient leur propre existence comme scellée éternellement à celle de l'homme qu'elles s'étaient honorées de servir avec le titre d'épouse; une épouse qui n'était que la première des servantes. L'ombre du défunt planait perpétuellement sur la tête des veuves. Celles-ci s'immolaient non seulement à la mémoire toujours présente du mari; mais, sacrifiant leur propre vie pour lui rendre hommage, elles montaient joyeuses sur le douloureux bûcher, afin d'aller au plus vite retrouver dans la demeure des félicités éternelles l'objet de leur perpétuel amour. Bien plus, si le mari avait succombé loin du foyer domestique, l'épouse, afin de rentrer pure dans le feu, plaçait sur sa poitrine une sandale du seigneur défunt, et consommait l'atroce sacrifice sous cette marque humiliante qui attestait jusqu'au tombeau l'absorption de la femme dans la personne de l'homme : la veuve voulait dormir du sommeil éternel de l'époux.

Cette sublime folie du lien conjugal n'avait jeté, il est vrai, dans un pareil égarement que le peuple soumis aux lois du terrible Manou, car on ne connaît pas d'autre législation condamnant la veuve à mourir quand le mari mourait.

Toutefois, chez les Germains, si les femmes ne sacrifiaient pas leur vie en l'honneur de l'époux défunt, elles convolaient rarement en secondes noces. Encore ne pouvaient-elles se remarier sans l'autorisation de leur tuteur, à moins de se soustraire aux obligations de la loi, ce qui les exposait à se faire dépouiller de leurs propres biens et de toute espérance pour l'avenir.

Chez les Hébreux, au contraire, lorsque la première union n'avait pas donné d'enfants, Moïse obligeait les veuves à se remarier, à la condition, par exemple, qu'elles épouseraient le frère de leur mari. Celui-là devait se rendre aux supplications de sa belle-sœur qui le faisait citer devant les Anciens lorsqu'il refusait. Si le beau-frère persistait dans son refus, la veuve, indignée de ce qu'il ne voulait pas susciter dans Israël le nom de son mari, ni la prendre pour épouse, s'approchait de lui en présence de tout le monde, lui ôtait son soulier et lui crachait au visage en s'écriant : C'est ainsi qu'on doit traiter celui qui refuse de rétablir la maison de son propre frère.

Enfin, chez les Romains, où le célibat était pourtant noté d'infamie, l'obligation de se remarier était, il est vrai, rigoureuse, mais seulement pour les femmes qui offraient encore quelque espoir de donner des citoyens à la patrie.

Fanatisme, haine de la stérilité, amour de la fécondité, caractérisent les dispositions des peuples anciens pour la viduité.

Aujourd'hui, dans tous les pays civilisés, les veuves redeviennent maîtresses d'elles-mêmes et reprennent tous les privilèges de la femme célibataire. La législation française, par exemple, n'empêche pas le veuvage comme le faisait dans certains cas le droit romain, et ne le favorise pas, comme le fait l'Eglise. S'occupant exclusivement de l'ordre public, elle impose un délai à la veuve avant de pouvoir contracter un second mariage. Ce délai est de dix mois révolus, depuis la mort du mari. Lorsque les femmes persévèrent dans le veuvage, la loi, toujours tutélaire, leur assure une protection spéciale, et remplace, dans la mesure du possible, le soutien qu'elles ont perdu. Ainsi, les regardant comme les tutrices légales de la jeune famille, non seulement elle confie à leur administration les biens des enfants mineurs jusqu'à leur émancipation ou leur majorité, mais elle facilite leur mission par de nombreuses dispositions protectrices.

La loi ne s'occupe pas des enfants avec une sollicitude moins paternelle, car lorsque les veuves qui sont mères, se remarient, elle entoure le nouveau ménage des plus sages précautions. Ainsi la convolante ne peut donner à son époux qu'une part d'enfant le moins prenant, et cette part ne peut excéder le quart des biens. Bien plus, loin de conférer directement au mari la tutelle des enfants mineurs du premier lit, la loi la retire à la veuve convolante qui, en faisant passer ses biens personnels entre les mains de son conjoint, lui confierait en même temps l'administration des biens de ses enfants. C'est ce que déclare l'article 395 du code civil en disant que la veuve qui se remarie perd la tutelle légale des enfants issus du premier mariage, à moins qu'elle n'ait réuni au préalable le conseil de famille pour se faire autoriser de lui sur la maintenue de cette tutelle.

Le veuvage est donc un état libre que les législations protègent sans le favoriser. Après une année de deuil, les femmes peuvent, sans offenser la mémoire du conjoint défunt, prendre un second mari. La nature semblerait faire croire qu'il y a quelque chose de choquant à faire succéder les flambeaux d'un nouvel hyménée aux douleurs de funérailles si désolantes. Mais il arrive généralement que des sentiments de haute convenance, et des nécessités du plus grand intérêt obligent les veuves à se remarier, le célibat étant presque toujours contraire à la condition des femmes.

Ce n'est pas que la viduité ne soit un état très-respectacle, mais l'état de la famille au complet est par excellence celui des femmes dont la condition naturelle est de poursuivre généreusement le beau rôle de la maternité. De même qu'il y a moins de mérite à s'enfermer dans un cloître qu'à vivre laborieusement dans la foule, il y a aussi moins de courage à terminer une partie de son existence dans la viduité, qu'à consacrer le reste de cette existence à donner encore des enfants à la société.

Sans doute, des exceptions aussi admirables que surprenantes honorent le veuvage. Des femmes laborieuses, généreuses, vertueuses, et dont les inclinations naturelles les porteraient à convoler en secondes noces, préfèrent se résigner à vivre de la vie d'isolement et d'abnégation, et refusent tous les hommages, non pour se reposer, mais pour s'immoler, les unes, en se livrant ardemment à l'éducation de leurs enfants, en travaillant courageusement à leur préparer un brillant et solide avenir ; d'autres, en pratiquant généreusement l'œuvre éminemment humaine de la bienfaisance.

Mais les veuves qui peuvent remplir d'aussi grands devoirs sont rares, et peu de femmes possèdent à un degré si élevé, les vertus nouvelles qu'impose la viduité.

Aussi, peut-on affirmer, au nom de l'intérêt privé, comme au nom de l'intérêt publique, qu'une seconde union est le plus souvent commandée aux femmes qui ont le malheur d'être veuves. Ou celles-ci, en effet, sont mères ou non ; dans le premier cas, elles possèdent rarement assez de forces intelligentes pour conduire ou diriger leur jeune famille, pour la contenir au foyer domestique, pour la soutenir au sein de la tourmente et des orages de la vie, tandis qu'en prenant un autre mari, elles prennent presque toujours un nouvel appui. Car si quelques-unes livrent leurs enfants à une domination peut-être dangereuse, un grand nombre les confient à une autorité vraiment protectrice. Généralement, après de secondes noces, le mari aime son épouse, il craint souverainement de lui déplaire, soit en lui manquant d'égards, soit en manquant de soins pour ses enfants.

Si les veuves n'ont pas encore eu le bonheur d'être mères, il leur reste à remplir l'œuvre capitale de la condition des femmes. Le grand devoir de la maternité se présente devant elle, tant que la dette sacrée n'est pas acquittée.

D'autres considérations du plus haut intérêt imposent à la plupart des veuves, l'obligation morale de convoler en secondes noces. C'est la séduction qui survient facilement et qui réserve toujours quelque infortune ; c'est la domination envahissante des sectes ainsi que des sociétés religieuses, souverainement absorbantes pour les veuves, parce que l'absorption est toujours aisée, très souvent lucrative; c'estquelquefois, hélas! l'abandon de la femme à la plus honteuse des lubricités. L'âme des veuves est trop tendre pour résister aux influences corruptrices. Bien guidée, cette âme renfermerait sans doute l'élément le plus pur des forces morales, mais délaissée, elle s'éloigne de toutes les vertus.

Je dis donc, avec toute l'ardeur de la conviction : Si vous ne voulez pas vous exposer à devenir la conquête d'un amant qui vous abandonnerait, la propriété d'un maître qui vous délaisserait, la proie du fanatisme qui vous engloutirait, la victime du vice qui vous avilirait, souvenez-vous que le rôle de veuve est difficile, et que la viduité est le plus dangereux des célibats ; danger pour les mères, danger pour les enfants. Oui, la lutte est sublime pour les veuves qui placent fièrement leur bonheur dans les mâles vertus, mais le péril est immense pour bien des femmes qui courent effrontément après les joies de la licence, et pour un plus grand nombre, qui se jettent orgueilleusement dans les bras gluants de la dévotion.

RÉSUMÉ

En remontant au-delà des temps historiques, à cette époque où la famille n'était pas, encore constituée, nous avons pu montrer, soit par quelques documents, soit par induction, que la femme n'était à l'origine qu'une femelle esclave, ou une femelle complètement indépendante. Nous avons suivi sa condition pendant tout ce long et lent progrès des mœurs et des lois qui l'a tiré de l'état le plus abject, comme de l'état le plus outrageant, pour la revêtir d'abord d'une dignité morale, et pour l'élever ensuite progressivement jusqu'aux degrés de l'égalité civile.

La grande Révolution, proclamant toutes les libertés filles d'une même famille, et brisant toute servitude domestique, a consacré cette égalité; la civilisation française a salué cette consécration comme une gloire nationale. Plus de séparation honteuse entre l'homme et la femme, plus de tyrannie révoltante pour l'épouse, plus de tutelle humiliante pour la mère. Appelée à participer comme maîtresse à tous les actes du ménage, la femme occupe une place honorable dans la famille ; elle partage les peines et les plaisirs, les travaux et les jouissances de l'homme, avec lequel elle lutte d'amour dans le sanctuaire domestique pour accomplir les devoirs et remplir les charges de l'union conjugale.

L'épouse est placée, pour ainsi dire, au même rang que le mari, tous les deux sont soumis à la même loi morale. Dans nos sociétés modernes, où la législation qui règle les hommes, règle les femmes, on a compris que, si l'empire de celles-ci s'exerce par le sentiment et l'affection, cet empire n'est pas moins salutaire que celui de l'homme, il contribue tout au moins dans la mesure de l'intelligence et de la puissance de la nature féminine, au progrès des lumières, à la prospérité des nations, qui deviennent meilleures, lorsqu'elles reconnaissent franchement les droits d'ailleurs indéniables des femmes, mais qui tendent à la décadence, quand elles oppriment l'être le plus intéressant de la famille, on a compris que rien n'est plus fertile que le génie féminin, lorsqu'il est secondé ou favorisé dans certaines œuvres, comme celle de la bienfaisance, où le cœur ardent des femmes, brasier d'amour, découvre les besoins, invente les consolations et prodigue les générosités ; lorsqu'il est appelé à certaines vocations comme celles de l'enseignement, où les institutrices se font, avec une admirable tendresse, les servantes des petits enfants, où elles montrent tant d'habileté à exciter le cœur de leurs jeunes élèves, tant d'activité à former leur esprit, tant de délicatesse à détruire leurs mauvaises inclinations, tant d'adresse à leur inspirer les sentiments de la politesse et du respect, tant de sagesse à former leur raison, tant de prudence à les conduire pas à pas dans le sentier étroit mais glorieux des vertus humaines, tant de clairvoyance à orner tout leur être de toutes les qualités qui en feront des femmes bienfaisantes et de vraies maîtresses de maison, tant d'intelligence à les habituer à réfléchir, à discerner le bien du mal, tant d'amour, enfin, à les prédisposer, par tous les moyens honnêtes et intelligents, à bien élever un jour leurs enfants. Oh ! alors, les femmes sont pour la société des militantes nécessaires, des alliées indispensables.

Et dans la famille, n'ont-elles qu'à manier l'aiguille, qu'à filer la laine et le lin, qu'à soigner les enfants, qu'à les élever ? Ne sont-elles pas continuellement des aides fidèles, des conseillères aimables de l'homme, dans sa profession, dans son commerce, dans son industrie ? Ne doublent-elles pas son courage et son énergie dans sa lutte contre les rigueurs de la destinée humaine ?

Oh ! si des bornes doivent limiter, au foyer domestique, l'empire des femmes, que ces bornes soient plantées dans cette immensité lointaine où l'homme puisse à peine les apercevoir, afin que la nécessité seule lui inspire la cruelle idée de les rapprocher, pour rétrécir l'enceinte où s'exerce l'autorité naturelle de l'épouse et de la mère !

Dans tout le cours de cet ouvrage, j'ai demandé pour les femmes une liberté franche, loyale, généreuse, quoique renfermée dans les limites garanties par la loi comme par la conscience. Si j'insiste de nouveau sur cette faculté précieuse, fondement de toute moralité, c'est parce que je veux les femmes soustraites à la contrainte qui étouffe toutes les vertus, et qui stérilise toutes les aptitudes; c'est parce que je les veux investies de cette volonté réelle, qui permette à chacune de se mouvoir à son gré dans la sphère de sa condition; c'est parce que je les veux des aides directrices dans la famille, des conseillères intelligentes dans tous les actes de la vie civile, des participantes dans toutes les œuvres émancipatrices, c'est parce que je les veux, pauvres ou riches, servantes ou maîtresses, des auxiliaires éclairées dans toutes les professions comme dans toutes les fonctions; c'est parce que je les veux toujours fièrement agissantes à l'ombre tutélaire de l'homme.

Et leur action salutaire, je la demande partout et en tout, excepté dans les luttes passionnées où la tourmente des opinions égare les âmes les plus viriles, où le fanatisme absorbe les raisons les plus solides : L'arène politique, comme le cloître, ne convient pas à la nature féminine.

Bercer leurs enfants, les allaiter et leur prodiguer les plus tendres affections, partager leur cœur aimable entre la famille et le mari, soignant l'une, secondant l'autre, assister au départ du travailleur, saluer son retour, vivre comme des compagnes affectueuses au foyer domestique, et non comme des rivales jalouses dans ces grandes batailles où les esprits s'agitent, où les âmes s'ébranlent, fuir le célibat qui dessèche le cœur, qui brise les liens fraternels, qui n'enfante que des vertus stériles, et qui est une révolte perpétuelle contre les saintes lois de la nature, vivre enfin du souffle heureux de la famille, laissant à l'homme la vie publique qui lui appartient, cultivant en souveraine le domaine du foyer domestique ; voilà la condition des femmes.

FIN.

TABLE DES MATIÈRES

Introduction 5
Chapitre premier. — Histoire de la femme 9
Chapitre II. — De la nature féminine 25
Chapitre III. — Nécessité de l'instruction pour la femme .. 31
Chapitre IV. — Naturel et caractère des femmes 51
Chapitre V. — Education continuée dans la famille 67
Chapitre VI. — Destination, travaux, droits et devoirs de la femme 81
Chapitre VII. — Mariage 137
Chapitre VIII. — L'Épouse 153
Chapitre IX. — La Mère 209
Chapitre X. — La Veuve 267
Résumé 275

MACON, IMPRIMERIE BELLENAND

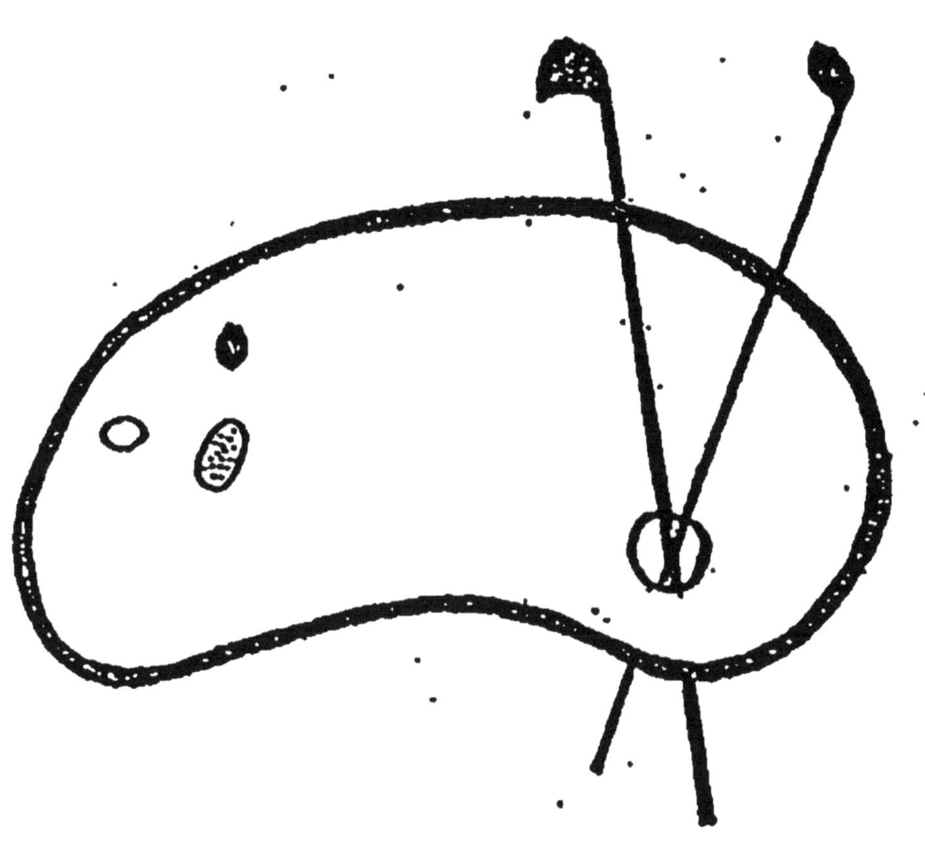

www.ingramcontent.com/pod-product-compliance
Ingram Content Group UK Ltd.
Pitfield, Milton Keynes, MK11 3LW, UK
UKHW012017240726
13965UKWH00002B/414